Jine Knapp, Loris Knoll

AF138027

WIEN GEHT

Die reizvollsten Spaziergänge der Stadt

verlag rittberger+knapp

Die Informationen in diesem Buch wurden mit größter Sorgfalt recherchiert. Dennoch können Fehler nicht vollständig ausgeschlossen werden. Die Benutzung dieses Buches und die Umsetzung der darin enthaltenen Informationen erfolgt ausdrücklich auf eigenes Risiko. Verlag, Autoren und Lektor können für etwaige Unfälle und Schäden jeder Art, die sich beim Besuch oder bei der Anreise zu in diesem Buch beschriebenen Orten und Wegen ergeben, aus keinem Rechtsgrund Haftung übernehmen.

Alle Anreiseangaben ohne Gewähr.

©verlag rittberger+knapp

Edition WildUrb
ISBN: 978-3-9502869-2-2
4. Auflage April 2021

Autoren: Jine Knapp, Loris Knoll
Coverfoto: ©AdobeStock/Tamas Zsebok
Karten enthalten Daten der ©OpenStreetMap-Mitwirkenden/
www.openstreetmap.org (ODbL-Lizenz)

www.wildurb.com
www.rittbergerknapp.com

6

Inhalt

Willkommen

Du willst diese Stadt und ihr näheres Umfeld erkunden, Dich von ihrer Vielfalt berauschen lassen und Wiens Seele kennenlernen. Du willst Dein Leben durch neue eindrucksvolle Erlebnisse an besonderen Orten bereichern und bist hier genau richtig!

Lass Dich von uns durch die Grünspots dieser Stadt entführen: Lobau, Wienerwald, Donauinsel, Prater und nicht zuletzt die großen innerstädtischen Parks, in denen es magische Ecken und Winkel sowie wohltuende Kraftplätze zum Auftanken zu entdecken gilt. In diesem Buch zeigen wir Dir die Wege abseits der traditionellen Wiener Stadtwanderwege (im Buch WIEN WANDERT beschrieben). Wir nehmen Dich an die Hand und gehen weiter, erkunden auch die kleinen, liebevollen Details, die sich in den alten Gasserln Wiens verstecken, oder aber schrullige Museen, düstere Ecken, seltsame Traditionen, historische Überbleibsel: All das pflastert unsere Wege. Und auch das moderne Wien kommt nicht zu kurz. Die neuen Stadtentwicklungsgebiete: Seestadt, Sonnwendviertel, Viertel Zwei und Eurogate sind genauso wenig vor uns

sicher. Hier findest Du alles, was Du für Dein ganz persönliches Stadtabenteuer brauchst. Lass uns gemeinsam neugierig und in Bewegung bleiben, auf Unbekanntes treffen, unseren Horizont und unsere Gedankenwelt erweitern und dabei wunderbare Momente sammeln. Komm mit!

Alle Wege sind online
Unsere Touren kannst Du auch ganz einfach am Handy abrufen, indem Du den QR-Code der jeweiligen Tour scannst, die Karte öffnest (Google Maps oder AllTrails) und schon geht Orientierung ganz einfach. Falls Du kein Handy benützen willst, öffne den Link *www.wildurb.at/maps*, klicke auf unser Buch »WIEN GEHT« dann auf die Tour und Deine gewünschte Karte. So kannst Du die Map ausdrucken, das Höhenprofil anschauen und Dateiformate für Deine Navigationsgerät downloaden. Alle Start- und Endpunkte der Touren befinden sich in der Kernzone Wien des VOR.

LEGENDE
5km[1] (1¾h)[2] | RW[3] | 128hm[4]
1) Tourlänge, 2) Gehzeit, 3) Verlauf: RW (Rundweg) / SW (Streckenwanderung)
4) Höhenmeter zu überwinden

Grüne Gelüste

Durchs knarrende Nikolaitor ins Revier von Wildschwein und Fledermaus

Wer den Lainzer Tiergarten durch das hölzerne Nikolaitor betritt, findet sich schlagartig in einer anderen Welt wieder. Einer stillen, nach Wald duftenden Welt. Dieser Ausflug ist zwar kein unbekannter, aber einer der ruhigsten Wege innerhalb des Tiergartens. Besonders in den späten Nachmittagsstunden ist eine Begegnung mit einem schnüffelnden Wildschwein nicht ausgeschlossen.

Ein ganz besonderes Erlebnis ist es, die Fledermäuse (Abendsegler, Wasser- und Bartfledermäuse), die bei Dämmerung um den *Grünauer Teich* flattern, zu beobachten. Der Lainzer Tiergarten bietet zur »Batman«-Sichtung auch Abendführungen an. Unsere Tour führt bis zum *Rohrhaus* über breite Asphaltwege, nur eine stärkere Steigung gegen Ende unterbricht den sanften Rhythmus. Hinab gehts größtenteils über Waldpfade, daher sollte das Schuhwerk griffig sein.

Lagerwiesen, Rastplätze und das in der warmen Jahreszeit täglich geöffnete Rohrhaus geben auch genug Gelegenheiten um Luft zu schnappen. Frische Waldluft wohlgemerkt.

START & ANREISE
1130 Wien, Hadikgasse 312
Linien U4, S45, S50, S80 › Hütteldorf
(Haltestelle am Ausgangspunkt)

WEGVERLAUF
Hütteldorf › Wientalstraße › Nikolaitor › Grünauer Teich › Rohrhaus › Wiener Blick › Nikolaitor › Bhf. Hütteldorf

TOUR
10,2km (3¾h) | RW | 305hm

Armer Schlucker
Unter Kaiser Josef II. erhielt der Lainzer Tiergarten etwa seine heutige Ausdehnung. Die Mauer wurde 1782 bis 1787 errichtet. Der Maurermeister Philipp Schlucker war mit dem Bau beauftragt. Er war mit seinem Preisangebot so günstig, dass die Wiener Bevölkerung befürchtete, er werde verarmen. Der Begriff »Armer Schlu-

Am Weg zum Rohrhaus

cker« ist auf dieses Ereignis zurückzuführen. Ab 1919 wurde der Tiergarten an Wochenenden für die Bevölkerung geöffnet. Ab 1941 war der Lainzer Tiergarten Reichsnaturschutzgebiet. Das schnöde Fussvolk hatte keinen Zutritt. Gegen Ende des II. Weltkriegs widersetzten etliche Menschen sich diesem Verbot, da sie auf das Sammeln von Holz, Bärlauch, Pilzen und Früchten angewiesen waren. 1955 wurde der Lainzer Tiergarten wieder geöffnet und entwickelte

sich zu einem beliebten Ausflugsziel. Die Umfassungsmauer des Tiergartens ist heute etwa 22 Kilometer lang und für ehrgeizige Geher gibt es einen Weg, der rundherum führt.

Wegbeschreibung

Wir verlassen die Station Hütteldorf Richtung Hadikgasse und überqueren diese am Hackinger Steg. Danach biegen wir rechts in die Allee ein und folgen ihr bis zur Stampfergasse. In diese links eintreten, dann rechts in

die Auhofstraße und erneut rechts in die Nikolausgasse. An ihrem Ende finden wir das Nikolaitor – unseren Eingang in den Lainzer Tiergarten. *Öffnungszeiten: www.lainzer-tiergarten.at; Hundeverbot*

Sofort nach dem Tor nehmen wir den asphaltierten Weg nach rechts. Einige Zeit begleitet uns die Tiergartenmauer, aber allmählich geht es tiefer in den Wald. Etwa auf Höhe einer Kastanienallee finden wir eine große Lagerwiese, wo sich ein Abstecher (rechts bergab) zum Grünauer Teich lohnt. Zurück auf dem asphaltierten Weg wandern wir weiter bis zu einer Wegkreuzung mit Unterstellhäuschen. An dieser Stelle folgen wir dem Wegweiser zum Rohrhaus. Es folgt ein steiler Aufstieg. Oben angekommen, orientieren wir uns am Wegweiser Nikolaitor – denn dieser bringt uns über eine andere Route zurück zum Ausgang. Unterwegs begegnen wir dem Aussichtsplatz Wiener Blick (Baderwiese), der Nikolaikapelle und einem Waldspielplatz. Nach Verlassen des Tiergartens nehmen wir den schon bekannten Weg zurück zur Station Hütteldorf.

EIN GEFRAGTER LEBENSRAUM

Hauptsächlich besteht der Wald im Tiergarten aus Eichen, Buchen, seltenem Wildobst (Vogelkirsche, Eisbeere) und Bodenpflanzen (Maiglöckchen, Leberblümchen, Bärlauch). Die Eiche stellt aber eine Besonderheit dar, denn sie beherbergt bis zu 1000 Insektenarten in einer Krone. Hohle Eichenbäume bilden den Lebensraum für Vögel wie Spechte, Waldkäuze und Meisen. Natürlich sind dort auch Säugetiere wie Eichhörnchen und Fledermäuse zu finden. Das Totholz der Eiche ist für Käfer, Schmetterlinge, Bienen und Wespen sogar lebensnotwendig. Meiden sollte der Mensch allerdings die Bäume im Mai und Juni. Zu dieser Zeit brechen die Brennhaare der Larven des Eichen-Prozessionsspinners ab und können unangenehme Ausschläge hervorrufen.

Jeden Oktober gibts eine Kastaniensammelaktion zum Füttern der Tiere im Lainzer Tiergarten. Pro Kilo Kastanien (außerhalb des Tiergarten gesammelt) gibt es zehn Cent.

Wildschweine – die scheuen Gesellen

Bunte Kontraste

Die Wien entlang: urbane Subkultur trifft auf prunkvolle Dekadenz

Der Ausflug führt uns durch die Subkultur rund um den Gürtel, vorbei an den Prunkbauten der *Wienzeile* und Ikonen des Jugendstils bis zur *Karlskirche* – dem Vorzeigeobjekt des barocken Sakralbaus. Aber nicht nur architektonisch, sondern auch atmosphärisch ist dieser Weg sehr abwechslungsreich. Eine naturbelassene Stadtwildnis, reizende Graffitis, wütende Tags, reger Verkehrslärm, massenhaft Sportmöglichkeiten (Skateboarden, Basket-, Fuß- und Volleyball) und geschäftiges Treiben am *Naschmarkt* – das alles findet man hier. Dem nicht genug, auch die stille Aura der Karlskirche sowie die fröhliche Energie des *Bruno-Kreisky-Parks* (mit Sommerkino) zieht den Flaneur ebenfalls in seinen Bann. Das Einzige, an das sich das Auge gewöhnen wird, sind die Tauben. Von weiß bis schwarz, grau bis braun, schillernd bis zerrupft, sie bleiben treue Weggefährten.

Vielfältige Architektur

Die Wienzeile – hier baute sich das neureiche Bürgertum der Jahrhundertwende seine Residenzen. Es entwickelte sich eine architektonisch interessante Kulisse, die von altdeutscher

START & ANREISE
1120 Wien, Längenfeldgasse 1
Linien U4, U6, 12A › Längenfeldgasse
(Haltestelle am Ausgangspunkt)

WEGVERLAUF
Längenfeldgasse › Dunklergasse ›
Stadtwildnis › Bruno-Kreisky-Park ›
Pilgramgasse › Naschmarkt › Karlsplatz

TOUR
3,9km (1¼h) | SW | 90hm

Romantik bis zum überladenen Neobarock reicht und sich mit floralen Jugendstil-Elementen vermischt.

Kuppeln, Dächer, Ecktürme und Balkone – alle reich bestückt mit Ornamenten, Skulpturen und Wappen. In den 50er Jahren wurden leider viele der Prunkbauten in einer Art »Modernisierungswahn« abgeräumt, aber

©Jine

Stadtwildnis Gaudenzdorfer Gürtel

ein Teil des Flairs ist dennoch erhalten geblieben. Gegen Ende der Wienzeile finden wir das berühmte *Majolikahaus* (Linke Wienzeile 40), dessen Fassade mit bemalten Fliesen verkleidet ist. Diese Art der Keramik wird als Majolika bezeichnet und stammt ursprünglich aus Italien. Gleich daneben (Linke Wienzeile 38) befindet sich ein weiteres Jugendstilhaus von Otto Wagner. Bekannt wurde es durch seine spektakuläre Ecklösung und die vergoldeten Medaillons von Kolo

Moser. Krönender Abschluss dieser Zeitreise ist natürlich die *Secession*, 1898 von Josef Olbrich erbaut, die mit ihrem goldenen »Krauthäupl« – interessierte Blicke auf sich zieht.

Wegbeschreibung

❚ Direkt hinter dem U-Bahn Gebäude an der Längenfeldgasse biegen wir in den schmalen Weg zwischen U-Bahn- und Hausmauer, der uns zur Dunklergasse bringt. Dieser einige Meter folgen, bis linker Hand eine Unter-

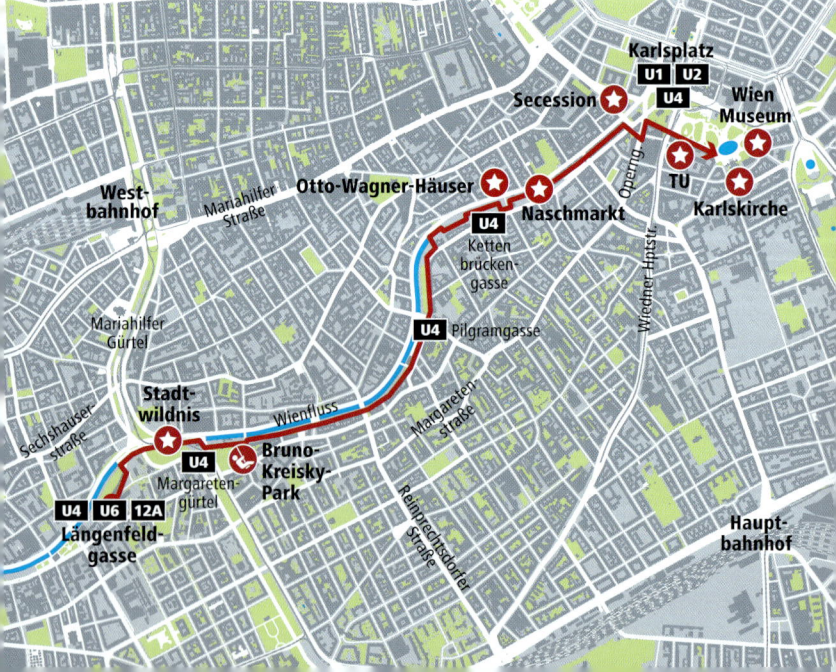

führung auftaucht. Durch sie hindurch gelangen wir zum Skatepark Längenfeldgasse. Rechts halten und in Richtung U-Bahn-Brücke wandern. Beim Burger King den Gaudenzdorfer Gürtel überqueren, um zur Stadtwildnis zu gelangen. Über ihren Wiesenweg zur U-Bahnstation Margaretengürtel gehen. Hier leicht rechts halten und den Gürtel überqueren. Nächster Punkt: Bruno-Kreisky-Park. Ab hier wird der Wienfluss sichtbar und wir folgen seinem Begleitweg bis zum Naschmarkt. Bis zum Marktende wandern, dann rechts über die Wienzeile und durch den Bärenmühldurchgang zur Operngasse gehen. In diese links einbiegen und am Opernwurst Stadl rechts dem Antlitz der Karlskirche folgen. Tipp: Nebenan findet ihr das sehenswerte *Wien Museum*!

SAUERKRAUT UND SALZGURKEN

Wer gerne mit saisonalem Obst, Gemüse und Kräutern kocht, sei es aus Umwelt- und Gesundheitsgründen, oder um Bauern zu unterstützen, ist am Naschmarkt genau richtig. Hier trifft man auf Naschmarkt-Originale, wie der »Gurken-Leo« mit seinem Sauerkraut- und Salzgurkenfässern einer war, der gerne darüber plauderte, wie wichtig doch dieses Lebensmittel für uns ist. Und recht hat er, denn gerade das Sauerkraut war vor der Globalisierung der wichtigste Vitaminlieferant (A, B, C, K) in unserer Region und verhinderte im Winter sämtliche Mangelerscheinungen. Auch sonst muss das Kraut sich nicht verstecken, denn es ist extrem kalorienarm, fast fettlos und reinigt den Darm. Aber auch die leckeren, internationalen Köstlichkeiten am Naschmarkt sind nicht zu verachten und stillen jegliches Fernweh.

Bruno-Kreisky-Park: Eingebettet zwischen Gürtel und Wienzeile, aber charmant! Im Sommer gibts hier Freiluftkino, ▼

Die imposante Karlskirche

Hängematten im Bruno-Kreisky-Park

Einsame Seelen

Düsteres Industriegebiet durchstreifen, um namenlose Verstorbene zu ehren

©line

Vom stillen Wasser der Hafenmole berauscht, breitet sich eine tiefe Ruhe aus, die von der menschenleeren Umgebung noch verstärkt wird. Wir befinden uns am Alberner Hafen und atmen die feuchte Luft am Ufer des Donaukanals. Die Impressionen der Tour rauschen in Gedanken nochmals vorbei. Die zum Teil verlassenen, monströsen Industriegebäude, der mystische *Friedhof der Namenlosen* und die einsamen Fischer am *Blauen Wasser* hinterlassen einen bleibenden Eindruck. Diese Tour über den Alberner Hafen ist gespickt mit Orten, die eine sanfte Melancholie umgibt und an keinem Gemüt – sei es noch so widerstandsfähig – wird dieser Weg spurlos vorübergehen. Garantiert.

Fischergründe

Bevor Albern nach dem Zweiten Weltkrieg in die Gemeinde Wien eingegliedert wurde, siedelten in diesem hochwassergeplagten Gebiet hauptsächlich Fischer. Rund um das Blaue Wasser, ein von Auwald umgebener Altarm der Donau, sind diese heute noch zu finden. Auch die zwei gekreuzten Fische im Simmeringer Wappen haben es bis in die Gegen-

START & ANREISE
1110 Wien, Zinnergasse 60
Linien 73A, 76A, 79A, 79B › Zinnergasse (Haltestelle am Ausgangspunkt)

WEGVERLAUF
Zinnergasse › Simmeringer Lände › Alberner Hafen › Friedhof der Namenlosen › Blaues Wasser › Zinnergasse

TOUR
5,5km (1¾h) | SW | 70hm

wart geschafft. Der Name Albern leitet sich übrigens von der Albe-Pappel ab, die in dieser Aulandschaft wuchs.

Der Hafen in seiner heutigen Gestalt entstand zwischen 1939 und 1942. Die monumentalen Speicher, von Zwangsarbeitern errichtet, sollten dazu dienen, das Getreide aus den annektierten Gebieten Ost- und Süd-

Alberner Hafen

osteuropas aufzunehmen und nach Deutschland zu verschiffen. Neben den Wiener Flaktürmen sind auch diese Hafengebäude ein zeithistorisches Dokument der NS-Herrschaft.

Wegbeschreibung

▌ Haltestelle Zinnergasse – je nach Buslinie und Richtung finden wir uns entweder auf der breiten Alberner Hafenzufahrtsstraße oder ums Eck, in der Zinnergasse wieder. Die Orientierung fällt daher zu Beginn der Tour nicht ganz einfach aus. Aber es geht: Wir stellen uns an den Rand der Alberner Hafenzufahrtsstraße (parallel verläuft ein Gleis) und blicken Richtung Freudenauer Hafenbrücke (Unterführung). Nach wenigen Metern zweigt nun nach links eine Straße mit zwei grünen Radwegweisern (Donaukanalradweg und Zentrum) ab. Bingo. Das ist unsere Straße, die uns direkt zum Donaukanalufer bringt. Nun wird es wesentlich einfacher. Denn ab hier folgen wir dem Donaukanal-

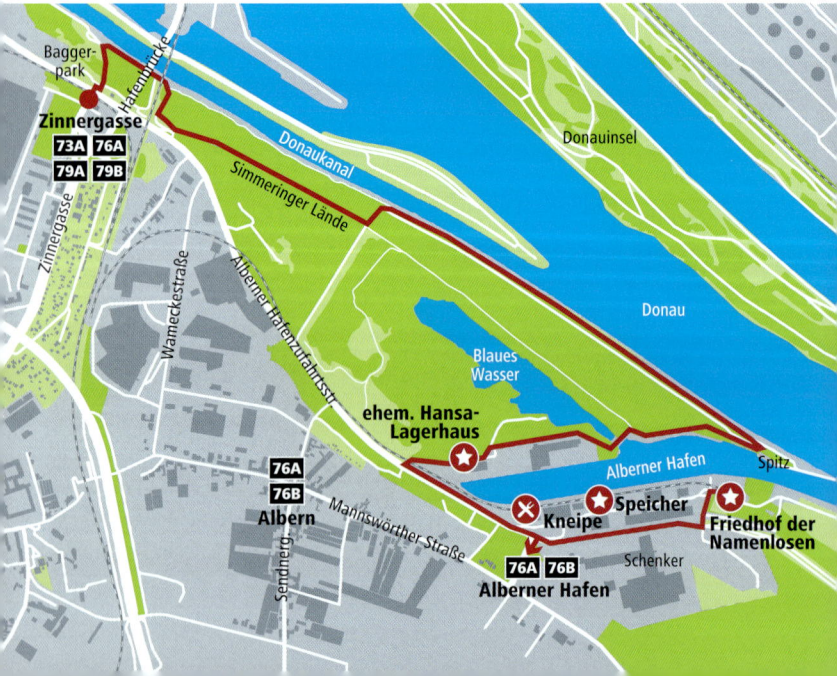

später dem Donau-Begleitweg (Simmeringer Lände) immer in Fließrichtung. Zuerst ganz am Wasser, nach den Brücken ein Stückerl davon entfernt und nach der Weghälfte erneut in Ufernähe. So landen wir nach etwa 2,5km am Alberner Hafenspitz. Von hier aus ist die gesamte Anlage mit ihren gewaltigen Speichern und Lagerhäusern gut zu überblicken.

Nun halten wir uns am Weg parallel zum Hafenbecken, bis wir auf die Alberner Hafenzufahrtsstraße stoßen. In diese nach links eintreten und nach 400m dem Wegweiser nach rechts zum Friedhof der Namenlosen folgen (1110 Wien, 1. Molostraße). Zurück nehmen wir den Bus (76A/76B) an der Station Alberner Hafen.

DIE OPFER DER DONAU

Auf dem *Friedhof der Namenlosen* sind Menschen begraben, die im Zeitraum von 1845 bis 1940 im Hafenbereich – wegen eines Wasserstrudels an dieser Stelle – angeschwemmt worden sind. Die Namen der Opfer blieben meist unbekannt. Denn entweder handelte es sich um Menschen, die aus Verzweiflung von den Donaubrücken in den Freitod sprangen – eine Schande für die Angehörigen jener Zeit – oder aber der Fluss hatte die Leiche bis zur Unkenntlichkeit zersetzt. Der Friedhof besteht aus zwei Teilen. Der alte Bereich wurde durch Hochwasser zerstört und ist völlig überwuchert, aber ein Gedenkkreuz erinnert an die 478 hier Beerdigten. Um die Jahrhundertwende wurde der heutige Friedhof errichtet, der bis 1940 in Betrieb war. Nur 43 Begrabene konnten bis heute identifiziert werden, alle anderen Kreuze tragen ein »unbekannt«. Jeden 1. Sonntag nach Allerseelen findet eine Gedenkveranstaltung an die Donauopfer statt.

Albener Hafen

Friedhof der Namenlosen

TOUR 4

Elitäre Romantik

**Ein nobler Spaziergang
durch des Kaisers Jagdrevier**

©AdobeStock/gustav

Wer sich gemütlich bewegen will, erobert den Lainzer Tiergarten am besten auf dieser Tour. Breite Wege, haufenweise Lagerwiesen, ein Waldspielplatz, zwei Tiergehege – eines mit Mufflons und Rotwild, das andere mit weidenden Auerochsen – erwarten den Genusswanderer. Allerdings muss jener in Kauf nehmen, dass der Weg vom *Lainzer Tor* bis zur *Hermesvilla* kein einsamer ist. Vor allem sonntags kann hier sehr viel Trubel sein. Der zweite Abschnitt unserer Route – der sanft bergauf zum *St. Veiter Tor* führt – ist jedoch wesentlich weniger besucht und zum Ruhetanken bestens geeignet. Zurück bringt uns der Mauerweg im *Hörndlwald*, gespickt mit Kleingärten und dem gleichnamigen Erholungsgebiet, das bis in die 1920er Jahre Teil des Lainzer Tiergartens war und 2019 durch eine Bürgerinitiative vor Bebauung gerettet wurde. Der architektonische Glanzpunkt unserer Wanderung ist aber natürlich:

Das Schloss der Träume
Die Hermesvilla liegt in einem ehemaligen kaiserlichen Jagdgebiet, dem Lainzer Tiergarten. Franz Joseph hat die Villa einst seiner Gattin – der

START & ANREISE
1130 Wien, Hermesstraße 80
Linie 56B › Lainzer Tor
(Haltestelle am Ausgangspunkt)
WEGVERLAUF
Lainzer Tor › Hohenauer Teich › Hermesvilla › St. Veiter Tor › Hörndlwald › Friedensstadt › Lainzer Tor
TOURLÄNGE
3,8km (1¼h) | RW | 80hm

legendären Sisi, als Zeichen seiner Liebe geschenkt. 1882 bis 1886 baute der Architekt Carl von Hasenauer das Schlösschen, dessen Name sich von der im Garten stehenden Hermes-Statue ableitet, die von der Kaiserin persönlich in Auftrag gegeben wurde. Das Gebäude ist ein typisches Beispiel des spätromantischen Villenbaus. Heute gibt es in der Hermesvilla

Hermesvilla

©AdobeStock/romanple

Ausstellungen zu kulturgeschichtlichen Themen. Auch kaiserliches Mobiliar sowie eine Modesammlung können begutachtet werden. Zur Innenausstattung gehören auch Gemälde von Hans Makart und Gustav Klimt. Aber auch die Mehlspeisen sind dort keineswegs zu verachten!

Wegbeschreibung

❚ Durch das Lainzer Tor gelangen wir auf einen kleinen Platz mit Besucherzentrum. Hier den gerade verlaufenden, asphaltierten Hauptweg nehmen. Zur Orientierung – rechts ist ein Gehege mit Rotwild und auf der linken Seite ein Spielplatz. Nach wenigen Metern bietet sich links ein Abstecher zum Hohenauer Teich an. Hier wimmelt es nur so vor Karpfen, die allesamt sehr hungrig sind. Enten gibts auch, essenstechnisch kommen diese allerdings kaum zum Zug. Zurück auf den asphaltierten Hauptweg folgen wir diesem zuerst geradeaus, dann in einem Rechtsbogen (linker-

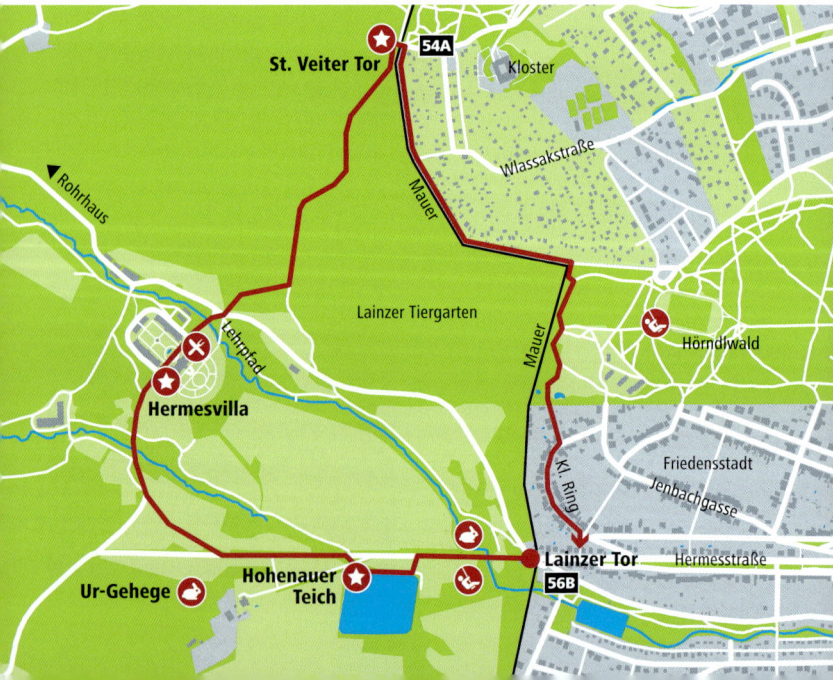

hand findet ihr das Gehege mit den Auerochsen) bis zur Hermesvilla. Nach einem Museumsbesuch, einem Gartenrundgang oder einer kulinarischen Stärkung wandern wir beim gegenüberliegenden Tor wieder hinaus, überqueren eine kleine Brücke und halten uns immer geradeaus in Richtung St. Veiter Tor. Nachdem das Tor passiert ist, biegen wir rechts in den Pfad, der von der Tiergartenmauer begleitet wird. Die Mauer ist ab jetzt auch unser treuer Begleiter, denn bis zum Wegende bleibt sie parallel zu unserer Route. Am Beginn der Friedensstadt sehen wir sie zwar nicht mehr, stoßen aber auf den Kleinen Ring, in den wir rechts einbiegen und der uns zurück zur Hermesstraße bringt. *Öffnungszeiten: www.lainzertiergarten.at; Hundeverbot*

DAS UR KEHRT ZURÜCK

Der Auerochse oder das Ur ist der Stammvater europäischer Hausrinder. Durch Höhlengemälde und Knochenfunde konnte man sein ursprüngliches Aussehen rekonstruieren. Mit einer Kopfrumpflänge von über drei Metern, einer Schulterhöhe bis 1,90 Metern und einem Gewicht bis zu einer Tonne war der Auerochse bis zur letzten Eiszeit das mächtigste Landtier Europas. Er besiedelte die offenen Wälder und ernährte sich von Gräsern, Laub und Eicheln. Im Jahr 1627 ist die letzte lebende historische Auerochsenkuh in Polen gestorben. In den 30er Jahren begannen die Gebrüder Heck mit der Rückzüchtung des Urs, die dem ausgestorbenen Tier in vielen Eigenschaften sehr ähnlich ist. Am Weg zur Hermesvilla können nun die Nachkommen dieser eigentlich verschwundenen Tierart beobachtet und bewundert werden.

Im Dachgeschoß der Hermesvilla gibt es einen Teil der größten Modesammlung Europas zu bewundern.

Baumriesen am Weg

Hohenauer Teich

Urbane Launen

**Naturelebnisse und Badefreuden
am Fuße des »Cola-Bergls«**

John Stith Pembertons dunkelbraune Sprudellimonade – genannt Coca-Cola – wurde ab 1956 am Wienerberg in diverse Flaschenformen gegossen. Mittlerweile ist die Abfüllanlage ins burgenländische Edelstal übersiedelt, doch die Ortsangaben *Cola-Gründe* und *Cola-Berg*l werden dem kollektiven Gedächtnis wohl noch länger ein Begriff sein. Nun erhebt sich anstelle der ehemaligen *Cola-Gründe*, zwischen Triester Straße und Otto-Benesch-Park, die *Biotope-City*. Eine Art Gartenstadt mit begrünten Fassaden und Urban-Gardening-Angebot. Das *Cola-Bergl* jedoch bleibt, denn es ist die höchste Erhebung im Erholungsgebiet Wienerberg und wer möchte, kann es auf unserer Tour besteigen, denn der Ausblick auf die mit Schilf begrenzten Ziegelteiche hat schon etwas Liebliches.

Apropos großer Teich: Es gibt diverse Stellen, um zum Schwimmen einzusteigen, das auch erlaubt ist. Als richtiger Naturbadeplatz ist er allerdings nicht freigegeben, das bedeutet, es gibt in chemischer Hinsicht eine leichte Beeinflussung des Gewässers. Allerdings gab es über die Jahre kein Er-

START & ANREISE
1100 Wien, Raxstraße 37
Linien 1, 15A, 65A › Stefan-Fadinger-Platz (Haltestelle am Ausgangspunkt)
WEGVERLAUF
Raxstraße › Otto-Benesch-Park › Wienerbergteich › Großer Lehmteich › Forsthaus › Raxstraße
TOUR
4km (1¼h) | RW | 70hm

gebnis, das eine Gesundheitsgefährdung für Badefreunde befürchten hätten lassen. Auch nicht für die Sumpfschildkröten, denen man hier mit etwas Glück begegnen kann.

Im Areal des Erholungsgebiets befinden sich viele Liegemöglichkeiten, um die Seele baumeln zu lassen. Auch alle, die sich lieber in Aktion sehen,

Bilck auf die Wienerberg City

kommen auf ihre Kosten: Spiel-, Fuß-
ball-, Beachvolleyball- und Street-
ballplätze sowie ein Kräutergarten
lassen sich ebenfalls dort aufspüren.

Ziegelrote Geschichte

Am Wienerberg hat nicht nur die Ab-
füll- sondern auch die Ziegelindustrie
Spuren hinterlassen – recht tiefe sogar. Denn vom Wirken der Römer bis
in die 1960er Jahren war das Gebiet
ganz der Lehmgewinnung untertan.
Seinen Höhepunkt erreichte der Ab-

bau mit der unter Maria Theresia
errichteten staatlichen Ziegelfabrik.
Aus diesem Werk entwickelte sich
später die Firma Wienerberger, die
heute weltweit tätig ist. Bergarbeiter
zu sein, war bestimmt nie ein Ver-
gnügen, aber um 1870 stand es um
die Arbeitsbedingungen sehr schlecht.
Arbeitszeiten von bis zu 20 Stunden
am Tag waren keine Seltenheit und
geschlafen wurde in Massenbaracken
auf Stroh. Die Beschäftigten erhielten
zudem nur Werkslohn – das heißt, sie

waren gezwungen, bei den betriebs-
eigenen Kantinen zu kaufen. Und
diese passten ihre Preise oft nach Lust
und Laune an. Ausbeutung pur.

Wegbeschreibung

❚ Wir starten an der Raxstraße und
biegen bei Hausnummer 37 in die Sickingengasse ein. An deren Ende betreten wir nach rechts den Otto-Benesch-Park. Angrenzend befindet sich
der Stadtteil *Biotope-City*, wer ihn
besuchen mag. Unser Weg führt nun
stets bergab bis zum Wienerbergteich.
Wir folgen dem Uferweg nach rechts.
Nach 500m (kurz vor einem Brück-
chen) gibt es einen Abzweiger auf das
Cola-Bergl. Wer keine Lust auf Weitblick verspürt, wandert noch rund
600m um den Teich, bis ein Abzweiger nach rechts zum Waldspielplatz
führt. Kurz davor gehen wir links hinauf, passieren das Forsthaus und landen auf einem Aussichtsplatz. Hier
den linken Pfad (Wilfried-Kirchner-
Weg) nehmen und bis zur 2. Kreuzung
wandern. Nach rechts gehend erreichen wir wieder die Sickingengasse.
An der Raxstraße angekommen, bietet
sich noch ein Besuch des Wasserturms
Favoriten samt Wasserspielplatz an.

SPINNERIN AM KREUZ

Die Errichtung der gotischen Steinsäule an
der Kreuzung von Triester Straße und Windtenstraße wird gerne mit den Kreuzzügen in
Verbindung gebracht. Denn laut Sage soll
eine Frau an dieser Stelle jahrelang spinnend
auf ihren Mann, der nach Jerusalem gezogen
war, gewartet haben. Ob wahr oder nicht,
sicher ist jedenfalls, dass die Säule im Mittelalter die äußerste Grenze der Wiener Stadt-
gerichtsbarkeit markierte und Standort des
Hochgerichts war. Die Hinrichtungsstätte
selbst wird direkt unter dem angrenzenden
George-Washington-Hof vermutet, denn um
1927 wurden hier unzählige Skelette ver-
scharrter Menschen ohne Kopf entdeckt.
Die letzte Hinrichtung an der Spinnerin
wurde am 30. Mai 1868 an Georg Ratkay
vollzogen, der die Tischlersgattin Marie
Henke mit einem Hobel erschlagen hatte.

*Wasserturm Favoriten: Ikone des industriel-
len Historismus. Seit 2011 gibt es hier eine
Wasser-Erlebniswelt (Windtenstraße 3).* ▼

©AdobeStock/balakate

Wasserturm Favoriten

wannda
simply mobility

Ob U-Bahn, Bus oder Bim: die neue Öffi-App wannda bringt dich schnell von dort nach da.

 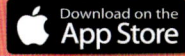

Jetzt neu für Wien!

wannda.com

Stille Stimmen

Vorbei an prominenten Gräbern und eintauchen in den alten jüdischen Friedhof

©Une

Seine volle Aura entfaltet der Wiener Zentalfriedhof, wenn dichte Nebelschwaden die Stadt trüben, wie es häufig an späten Herbsttagen der Fall ist. Doch auch bei strahlendem Sonnenschein lässt sich Stille aufspüren. Am Beginn unserer Tour durch die größte Ruhestätte Europas mit ihren rund 330.000 Gräbern statten wir dem *Park der Ruhe und Kraft* einen Besuch ab. Hier kann man loslassen, Energie tanken, Elemente spüren, geomantischen Kraftlinien folgen oder ungestört ein gutes Buch lesen.

Danach besuchen wir die Grabstätten der Prominenz. Zuerst den sogenannten Ehrenhain, der etwas abseits liegt. Der Bekannteste hier ist wohl Hans Holzl, besser bekannt als Falco. Doch auch Karikaturist Erich Sokol oder die NS-Widerstandskämpferin Ella Lingens liegen hier begraben. Weiter gehts zu den *Neuen Arkaden* und der *Karl-Borromäus-Kirche*. Davor breitet sich die *Bundespräsidentengruft* und daran anschließend das Gelände der *Ehrengräber* aus. Hier findet jeder seinen Star. Der Areal endet bei den ältesten Bauwerken des Zentralfriedhofs, den *Alten Arkaden*. Sie wurden

START & ANREISE
1110 Wien, Zentralfriedhof 3. Tor
Linien 11, 71 › Zentralfriedhof 3. Tor
(Haltestelle am Ausgangspunkt)
WEGVERLAUF
Tor 3 › Park der Ruhe und Kraft › Ehrenhain › Ehrengräber › alter jüdischer Friedhof › Bestattungsmuseum › Tor 3
TOUR
5km (1¾h) | RW | 80hm

1880 im Stil der Neo-Renaissance errichtet und beherbergen 36 Grüfte. Hier finden wir Namen wie Mautner-Markhof und Freiherr Franz von Wertheim. Der heute am wenigsten besuchte Teil ist der *alte jüdische Friedhof*. Verwachsene und verwitterte Grabsteine, umgeben von großen Bäumen, schaffen eine ganz eigene Stimmung, die wir einfangen werden.

Park der Ruhe und Kraft

Zeiten der Zerstörung

Der Wiener Zentralfriedhof eröffnete 1874. Drei Jahre später wurde der heutige *alte jüdische Friedhof* von der Israelitischen Kultusgemeinde erworben und eine prachtvolle Zeremonienhalle bei Tor 1 errichtet. Bei den Novemberpogromen 1938 wurde sie ein Raub der Flammen und ihre Ruine erst 1978 endgültig abgetragen. Denn sie sollte dem Nazi-Regime später als *jüdisches Museum* dienen. Eine äußerst düstere Vorstellung. Auch der II. Weltkrieg hat hier deutliche Spuren hinterlassen. Zwischen Gruppe 8 und 19 treffen wir auf Grabsteine, die sogar noch Granatsplitterspuren aufweisen. In der Zeremonienallee, ausgehend von Tor 1, lassen sich dennoch einige jüdische Ehrengräber finden, wie die von Salomon Sulzer, Arthur Schnitzler oder Viktor Frankl.

Wegbeschreibung

▌Geradeaus durch das Tor 3 des Zentralfriedhofs bis kurz vor die erste

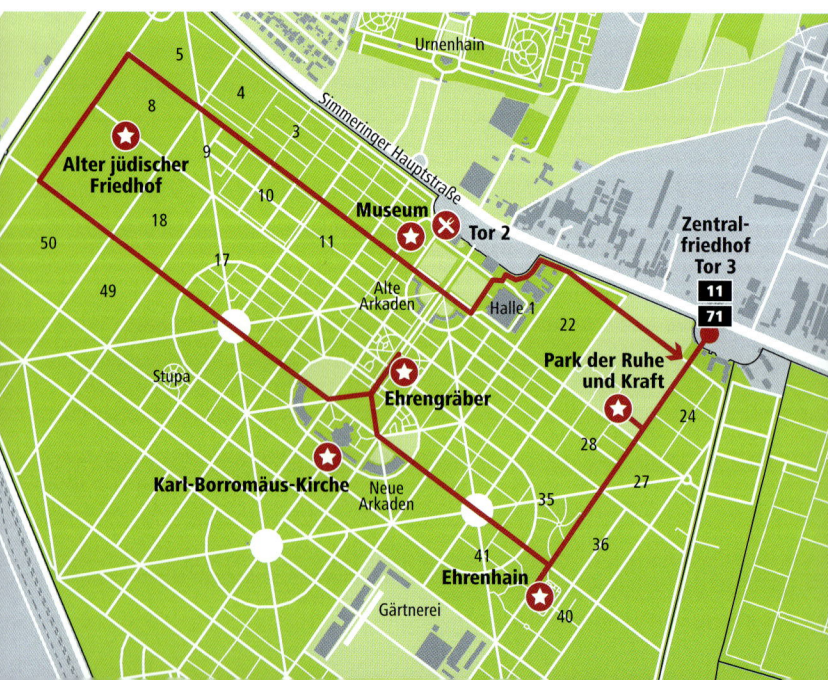

Querstraße wandern. Rechs befindet sich der unscheinbare Eingang zum Park der Ruhe und Kraft. Nach dessen Besuch erneut geradeaus bis zur Gruppe 40 gehen. Nach der Erkundung dieses Ehrenhains mit Falco-Grab in die Straße zwischen Gruppe 35b und 41b rechts eintreten und bis zu den Neuen Arkaden an der Karl-Borromäus-Kirche wandern. Direkt davor befindet sich die Zone der Ehrengräber. Sie reicht etwa bis zu den Alten Arkaden (Richtung Tor 2). Hier lassen sich die Ruhestätten diverser Berühmtheiten aufstöbern. Ist der Promi-Hunger gestillt, gehts wieder zurück zur Karl-Borromäus-Kirche und weiter geradeaus zum alten jüdischen Friedhof. Auch hier gilt: Einfach umschauen, da die schönsten Grabstätten auch im Dickicht zu finden sind. Wir halten uns anschließend nord-westwärts. Zwischen Gruppe 5 und 8 biegen wir nach rechts und gelangen so zum Bestattungsmuseum und den Alten Arkaden bei Tor 2. Hier befindet sich auch die Aufbahrungshalle 1. Wir schlüpfen zwischen ihr und dem Portalgebäude hindurch und landen, von der Friedhofsmauer begleitet, an unserem Ausgangspunkt.

PARK DER RUHE UND KRAFT

Der Park ist in der alten Tradition der Geomantie (Weissagung aus der Erde) und Gartengestaltung angelegt. Hier kann Kontakt mit den Kräften der Natur, der Pflanzen und Bäume, der Steine und der Erde aufgenommen werden. Die Bereitschaft soll aufgebaut werden, Vergangenes loszulassen und ein neues, erfülltes Leben zu beginnen. Uralte Symbole unserer Kulturgeschichte sollen zu mehr Verständnis der eigenen Lebensgeschichte und des persönlichen Lebensweges führen. Entlang des Weges sind Gedanken zu lesen, die zur Erklärung der Bereiche dienen. Für das menschliche Energiesystem soll es besonders hilfreich sein, den Park in der nummerierten Abfolge zu durchqueren. Die Trittsteine weisen den für das Energiesystem empfohlenen Weg.

Alter jüdischer Friedhof: Verwunschen und märchenhaft zugleich. Querende Rehe, Kaninchen, Hasen, Hamster und Fasane erhellen seine düstere Vergangenheit. ♥

Alter jüdischer Friedhof

TOUR 7

Lebhaftes Treiben

Beim Flanieren an jeder Ecke Besonderheiten entdecken

©AdobeStock/romanple

Das Schmuckkästchen des 10. Bezirks ist eindeutig der *Kurpark Oberlaa* am Südosthang des Laaer Berges. Auf rund 608.600 Quadratmetern können wir durch die unterschiedlichsten Themenbereiche und Gartenanlagen streifen, wie etwa durch den duftenden *Liebesgarten*, den im Stil des Barocks gehaltenen *Brunnengarten*, den meditativen *Japanischen Garten* oder den informativen *Allergiegarten*. Auch am stillen Element Wasser mangelt es der grünen Stadtoase nicht. Ob am *Schwanensee*, in dem Modellbauschiffe unterwegs sind, am naturbelassenen *Filmteich*, den die Enten für sich erobert haben, oder die eindrucksvollen *Wasserstufen* am Nordosteingang – für jeden gibts ein nettes Platzerl am kühlen Nass. Neben den zahlreichen Spielplätzen und Sportstätten begeistert auch ein kleiner Streichelzoo gegen Ende unserer Tour mit Ziegen, Schafen, Gänsen und Tauben nicht nur Kinderherzen. *Öffnungszeiten: www.wien.gv.at*

Spazieren in der WIG

Anlässlich der Wiener Internationalen Gartenschau 1974 wurde das ehemalige Ziegelabbau-Eldorado am Süd-

START & ANREISE
1100 Wien, Kurbadstraße 12
Linien U1, 17A, 68B, 70A › Oberlaa
(Haltestelle am Ausgangspunkt)

WEGVERLAUF
Kurteich › Schilfteich › Japanischer Garten › Filmteich › Schwanensee › Tiergehege › Kurteich

TOUR
5,2km (1¾h) | RW | 90hm

osthang des Laaer Bergs von der Stadt Wien erworben, da es sich als idealer Ort für das Projekt erwies. Nach einer internationalen Ausschreibung, die der Architekt Erich Hanke für sich entschied, wurden Arbeitsgemeinschaften von Landschaftsarchitekten aus unterschiedlichsten Staaten gebildet. Diese Gartenschau wurde mit 2,6 Millionen Besuchern ein großer

Kurpark Oberlaa

©AdobeStock/romanple

Publikumserfolg. Ende 1974 wurde das Areal in eine öffentliche Parkanlage umgewandelt. Die WIG 1974 war allerdings nicht das einzige Prominente, das sich auf dem Boden des heutigen Kurparks abspielte. Denn in den 1920ern diente er als Kulisse für etliche Stummfilme der Sascha-Filmindustrie AG. Ihre Monumentalfilme, allen voran Sodom und Gomorrha, zählen zu den aufwändigsten je in Österreich hergestellten Filmproduktionen.

Wegbeschreibung

▌ Wir starten in der Kurbadstraße und nehmen den Aufgang zur Therme Wien. Doch diese besuchen wir nicht, sondern halten uns rechts. Nach der Kurkonditorei Oberlaa links einbiegen und den Kurpark betreten. Gleich am Beginn des Kurteichs wandern wir nach rechts und folgen dem Weg um den Schilfteich. Nun gehts stets bergauf, wir passieren dabei den Brunnen- und den Japanischen Garten (Mi/Sa geöffnet).

Am Papagenobrunnen rechts bergauf und kurz nach dem Regenbogenspielplatz nach links wandern. (Geradeaus bietet sich ein kulinarischer Abstecher zur Panoramaschenke an.) Nun stoßen wir auf den Filmteich, gehen vor der Brücke nach rechts und folgen dem Ufer in einem Rechtsbogen.

Beim Imbissstand am nördlichen Parkausgang bewegen wir uns Richtung Spielanlagen und gelangen so zum Schwanensee. Nun begleiten wir dessen Ufer bis zum breiten Hauptweg. Hier links halten und zum Liebesgarten beim Rosenberg wandern. Wir orientieren uns am Wegweiser zum Tiergehege. Nach dem Besuch der Ziegen gehts stets in südliche Richtung und bergab zurück zu Kurteich und Ausgang.

YOGA IM PARK

Um nach einem langen Arbeitstag wieder Kraft und Balance zu finden, versuchen viele GroßstädterInnen einen Ausgleich zu finden. Wem Laufen oder Fitnessstudios nicht liegen, der könnte es mit Yoga versuchen. Denn wenn erst einige Grundtechniken erlernt sind, lässt sich dieser »Sport« – ob alleine oder gemeinsam – fast überall ausüben. Am attraktivsten ist er natürlich im Freien. In den Städten bieten sich hier die großen Parks besonders an. Entstanden ist dieser Trend Anfang der 90er Jahre in New York und Tokio, als einzelne Gruppen begonnen haben, Yoga unter freiem Himmel zu praktizieren. Zuerst wurden die urbanen Grünflächen erobert, doch mittlerweile sind auch schon die Dächer der Großstädte okkupiert. Das ist in Wien zwar noch selten, aber langsam etabliert sich auch hier dieser neue Trend.

In den Sommermonaten wird auf den Wiesen in der Parkmitte, Yoga von professionellen Lehrern angeboten.

Streichelzoo

Österreichlandschaft

Sanfte Freiheit

Vom Hagenberg zum Hörndlwald: Zwischen alter Mauer und grünen Wiesen

©AdobeStock/Olga für Okahi

Bergauf ist die Devise beim ersten Drittel unserer Tour. Zuerst erklimmen wir die *Markwardstiege*. Und die ist wirklich lang mit ihren 438 Stufen. Zum Vergleich: Auf die Türmerstube im Südturm des Stephansdom führen uns nur 343 Stufen. Doch es gibt auch einen Begleitweg, falls ihr die 65 Höhenmeter nicht über Treppen zurücklegen wollt. Dann wären da noch die beiden wunderschönen *Himmelhofwiesen*, die uns nach ihrer Besteigung mit einer herrlicher Aussicht belohnen. An klaren Tagen überblickt man hier nicht nur ganz Wien, sondern sieht sogar bis Bratislava. Fußballfans freuen sich zudem auf einen Einblick in das neue Allianz Stadion.

Die nächsten zwei Drittel der Tour führen, begleitet von der Tiergartenmauer, stets sanft bergab. Dabei treffen wir auf saftige Wiesen, kleine Wäldchen und urige Kleingärten. Auch für kulinarische Stärkung ist gesorgt: Die Heurigenschenke zur Wildsau und das Gasthof Lindwurm liegen auf unserer Strecke. Beide finden wir an der *Dollwiese*. Zu guter Letzt durchstreifen wir noch den friedlichen *Hörndlwald*, bevor wir Speising erreichen.

START & ANREISE
1130 Wien, Hadikgasse 312
Linien U4, S45, S50, S80 › Hütteldorf (Haltestelle am Ausgangspunkt)

WEGVERLAUF
Bhf. Hütteldorf › Markwardstiege › Am Himmelhof › Adolfstor › Dollwiese › Hörndlwald › Speising Hermesstraße

TOUR
6,6km (2¼h) | SW | 350hm

Der Wiener Skiberg
Am Himmelhof spielte es sich zwischen den 1950er und den 1960er Jahren ab, wie in einem alpinen Skicircus. Pisten, Rodelhänge und eine Skischanze – der Sprungrekord liegt bei 49 Metern – zogen an manchen Tagen bis zu 20.000 Wintersportbegeisterte an. Mit dem Brand der Himmelhofschanze im Jahre 1980 und den zu-

Ausblick vom Himmelhof

dem immer schneeärmeren Wintern endete die Ära des Skispringens in der Hauptstadt. Apropos Skifahren: In Sachen Indoor-Ski zeigte Wien echten Pioniergeist. 1927 wurde der sogenannte *Schneepalast* in der Nordwestbahnhofshalle eröffnet. In der weltweit ersten Skihalle wurde auf Sodaschnee Ski gefahren. Wegen der hohen Instandhaltungskosten machte der *Schneepalast* allerdings nach kurzer Zeit seine Pforten wieder dicht. Falls im Winter einmal wieder genug Schnee fällt, sind die Himmelhofwiesen zum Rodeln immer noch ein »cooler« Tipp. Denn sie sind steil genug für spaßige Abfahrten. An der Dollwiese (Ghelengasse 44) existiert sogar als kleiner Lift ein Förderband, das Kinder und Skianfänger auf den sanften Hang hinauf bringt.

Wegbeschreibung

▌Wir verlassen die Station Hütteldorf Richtung Hadikgasse und überqueren diese am Hackinger Steg. Nach ihrem

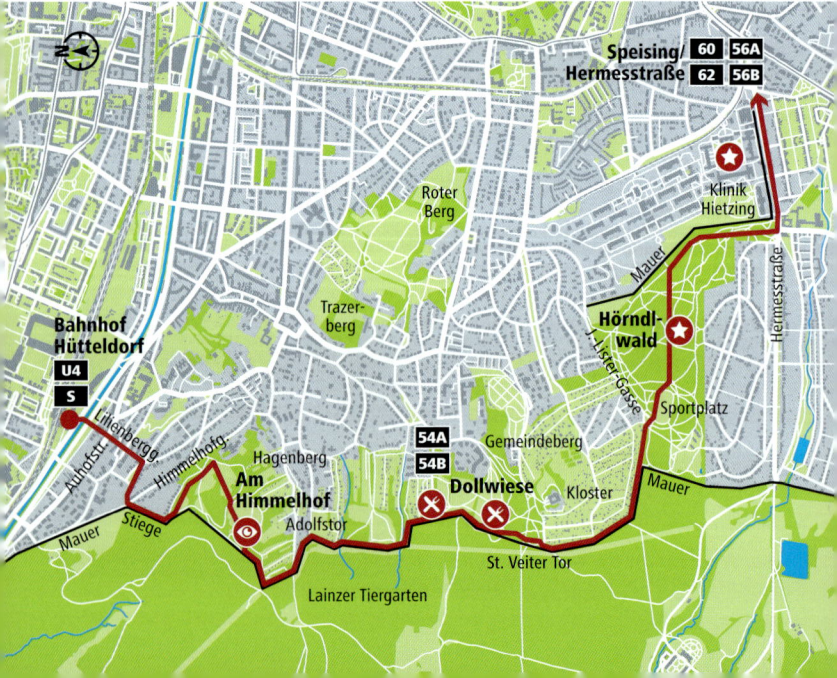

Treppenabgang beginnt die Lilien-
berggasse. Ihr folgen wir bis zum
Ende und biegen anschließend rechts
in die Erzbischofgasse ein. Auf uns
wartet nun die lange Markwardstiege.
Oben angekommen, finden wir einen
Schranken, an dem zwei Wege weg-
führen. Hier den linken nehmen (parallel zum Carolaweg), bis der Pfad
bei einer Jausenbank endet. Nun gehts
über die beiden Himmelhofwiesen
bergauf, bis wir den höchsten Punkt
erreicht haben (Baumgruppe). Hier
treffen wir auch auf die Lainzer Tiergartenmauer, der wir nach links folgen und die uns bis zum Hörndlwald
(nach dem St. Veiter Tor) begleitet.
Obwohl die Mauer dort einen rechten
Winkel macht, folgen wir dem Weg
geradeaus und treffen auf einen
Sportplatz (nahe der Joseph-Lister-
Gasse). An seinem Rand entlang und
am anderen Sportplatzende in den
breiten Friedensstadt Querweg wandern. Er führt uns geradeaus (ostwärts) weiter, bis der Weg eine leichte
Rechtskurve macht und uns entlang
der Klinik Hietzing zur Hermesstraße
bringt. In diese nun links eintreten
und bis zur Straßenbahn- oder Busstation Speising Hermesstraße gehen.

DER SCHATZ AM KARFREITAGSECK

In der Nähe des Adolfstors macht die Mauer
des Lainzer Tiergartens einen schönen rechten Winkel (siehe Karte), in diesem Umkreis
soll seit geraumer Zeit ein wertvoller Schatz
vergraben sein, der von einem diebischen
Bankier vergraben wurde. »Über hundert-
tausend Gulden ist er wert« erzählte sich der
Volksmund und so mancher Glücksritter
machte sich auf die Suche. Die Schatzgräber
blieben allerdings allesamt erfolglos, wahr-
scheinlich, weil es bei dieser Sache auch einen gewaltigen Haken gibt, denn: »Nur wer
reinen Herzens ist, dem wird sich der Schatz
an einem Karfreitag offenbaren.« So warten
die wertvollen Gulden immer noch auf einen
reinbeherzten Finder. Übrigens: Hätten wir
die Torschlusszeiten des Lainzer Tiergartens
verpasst, wäre diese Ecke optimal gewesen,
um nicht die Nacht dort verbringen zu müssen. Einen kleinen Baumstamm oder einen
dicken Ast zum drüberklettern an die Mauer
gelehnt und draußen wären wir gewesen!

Himmelhofwiese

Grelle Aussagen

Wasser, Wiese, Wände – entlang des Donaukanals aktiver Straßenkunst begegnen

»Wenn du Mercedes fahren willst, ruf dir ein Taxi!« Dieser und andere, leicht anarchistisch angehauchte Tags regen uns am Donaukanal zum Nachdenken an. Doch nicht nur auf Textbotschaften, sondern auch auf die unterschiedlichsten Graffitis treffen wir. Diese urbane Tour wird jeden Flaneur begeistern, der gelebte Straßenkunst liebt. Denn hier stehen auch *Wienerwand*-Flächen zur Verfügung, auf denen sich jeder ganz legal verwirklichen darf. Und richtige Meisterwerke sind mit Garantie dabei!

Auch sonst fehlt es nicht an Abwechslung: Wasser, Wiesen, Parks, Kultur- und Freizeitzonen, Lokale sowie besondere Schmankerln moderner und historischer Baukunst, wie etwa die schwimmenden Gärten beim Franz-Josefs-Kai, das *Zaha-Hadid-Haus* über einer alten Stadtbahntrasse, die *Müllverbrennungsanlage Spittelau* und natürlich die *Urania*.

An der 3. Donau
Etwa ab dem II. Weltkrieg wurde der Donaukanal stiefmütterlich vernachlässigt, doch er hat sich mittlerweile gemausert. 2007 hat die Stadt Wien

START & ANREISE
1090 Wien, Spittelauer Lände 12
Linien U4, U6 › Spittelau
(Aufgang Brigittenau)
WEGVERLAUF
Spittelau › Donaukanal › Friedensbrücke › Schottenring › Augartenbrücke › Urania › Donaukanal › Spittelau
TOUR
7,5km (2¼h) | RW | 140hm

die Revitalisierung in Angriff genommen. Entlang des Ufers entstehen extrabreite Sonnenbänke, einladende Plateaus nahe der Wasserkante und gemütliche Bänke in einem einheitlichen Design. Zahlreiche neue kulinarische Attraktionen, interessante Kulturangebote sowie moderne Freizeitanlagen zieren nun den Donaukanal. Summer Stage, Flex, Grelle

Donaukanal

Forelle, Central Garden, Werk, das Badeschiff oder die feine Strandbar Herrmann sind nur ein Teil der kulturellen Highlights entlang des Ufers. Ende August wird der Donaukanal alljährlich zum Treffpunkt für Kunst- und Kultur-Liebhaber. Eine Woche lang lassen sich Musik und Kunst besonders intensiv genießen. Donaukanaltreiben nennt sich dieses kostenlose Festival. Apropos Badeschiff: Diese Idee ist absolut nicht neu, denn schon um 1900 gab es vier verankerte »Strombäder« im Donaukanal zum Schwimmen und Relaxen der überhitzten Stadtbewohner.

Wegbeschreibung

❚ Am Platz zwischen dem U-Bahn-Aufgang und der Müllverbrennungsanlage Spittelau befindet sich der Ausgangspunkt dieser Tour. Von hier aus gehts über die Fußgängerbrücke Spittelau in Richtung Brigittenau, allerdings überquert man diese nicht vollständig, sondern nimmt den Lift

bei der Parkgarage am Pier 9, um das rechte Donaukanalufer (stadteinwärts gesehen) zu erreichen. Unten angekommen geht es nun den Uferweg in Flussrichtung für etwa 3,50km entlang. Während unseres Weges unterqueren wir die Friedensbrücke, den Siemens-Nixdorf-Steg, die Roßauer-, Augarten-, Salztor-, Marien- und die Schwedenbrücke. Bei der Urania angekommen, umrunden wir diese, wandern kurz die Uraniastraße entlang und überqueren dann die Aspembrücke.

Auf der anderen Seite gibt es wieder einen Abgang zum Donaukanal, diesen nehmen und jetzt in Gegenflussrichtung wieder zurück bis zur Fußgängerbrücke Spittelau. Nach ihrer Überquerung finden wir uns am Ausgangspunkt unserer Tour wieder.

BOTSCHAFTEN AN DER WAND

Höhlenmalereien, ägyptische Grabstätten, biblische Bildzyklen in Kirchen, Inschriften, Markierungen und »Kritzeleien« an antiken Bauwerken, die bei Ausgrabungen zum Vorschein kamen – wie zum Beispiel Pompeji, dessen Flächen reich an witzigen Texten, Parolen und anzüglichen Zeichnungen sind – machen eines klar: Wände wurden schon immer als Kommunikationsform benutzt. Eines der bekanntesten »Zeichen an der Wand« ist wohl der Fisch, der zu Zeiten der Christenverfolgung als Identifikation diente. Auch die heutigen Graffitis sind Ausdrucksmittel und geben vieles über Gesellschaft, Umgangssprache und politische Ausrichtungen preis. Auf Spielplätzen, Toiletten, Wahlplakaten, Schultischen, Mistkübeln und natürlich auf den Wänden übermitteln sie mehr oder weniger kunstvoll ihre Botschaften.

Auf den mit einer Taube gekennzeichneten Flächen darf jeder seiner Kreativität nachkommen: www.wienerwand.at ▼

Donaukanal

Graffitikünstler am Donaukanal

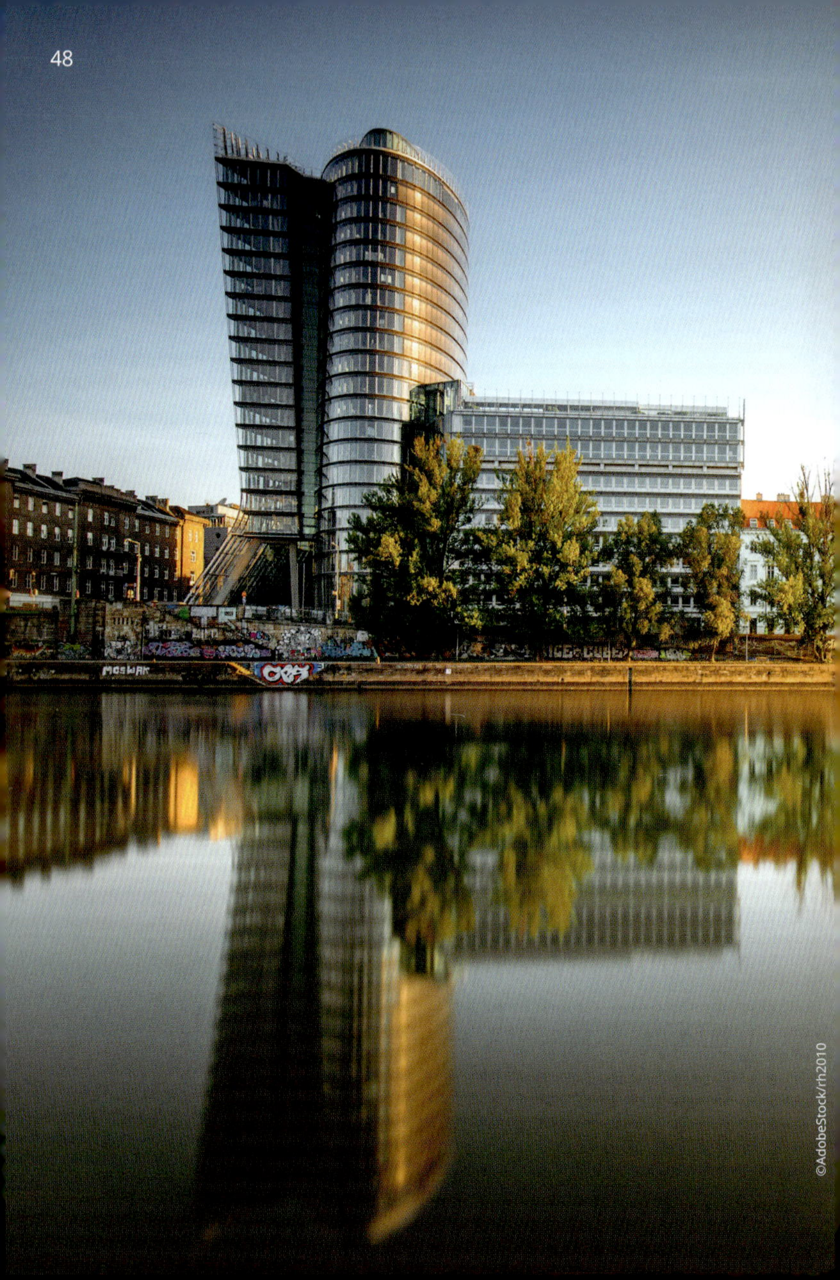

Raiffeisen Wien
Meine Stadtbank

DIE BANK VON HEUTE MUSS
IN DIE HOSENTASCHE PASSEN.
WIR MACHEN DEN UNTERSCHIED.

Impressum: Medieninhaber: Raiffeisenlandesbank Niederösterreich-Wien AG, F.-W.-Raiffeisen-Platz 1, 1020 Wien.

Bezahlte Anzeige

Heimliche Einflüsse

Wienfluss, Mauer- und Halterbach: Erkundungstour durch den Westen Wiens

Wild West: Uns erwarten die Rückhaltebecken entlang des Wienflusses,
die sich mittlerweile zu einem großen
Feuchtbiotop entwickeln durften und
Biber, Bisamratten, Graureiher sowie
Störche beherbergen. Wir treffen auf
Wiens einziges Wasserschlösschen –
Schloss Laudon am Mauerbach – sowie auf das *Ernst Fuchs Museum* in
der *Otto Wagner Villa I* am Halterbach und den Kolbeterberggraben,
der Hadersdorf durchfließt. Ja, der
wilde Westen zeigt sich auf dieser
Tour von seiner feuchten Seite. *Achtung: Bei Hochwasser sowie von 1.11.
bis 30.3. ist die Tour nicht begehbar!*

Unberechenbarer Fluss

Normalerweise erscheint die Wien
wie ein armseliges Rinnsal in einem
viel zu großen Flussbett. Doch auch
stille Wasser können tief werden und
dieses hat die gefährliche Eigenschaft,
es in kürzester Zeit zu tun. Denn im
Normalfall führt die Wien ca. 200 l
Wasser pro Sekunde, aber innerhalb
von zwei Stunden kann dieser Wert
auf über 450.000 l steigen. Daher be-
kam der Wienfluss nicht nur sein Betonbett, sondern auch sechs Rückhaltebecken – die Retentionsbecken Au-

START & ANREISE
1130 Wien, Hadikgasse 312
Linien U4, S45, S50, S80 › Hütteldorf
(Haltestelle am Ausgangspunkt)

WEGVERLAUF
Bhf. Hütteldorf › Wienflussweg ›
Hadersdorf › Schloss Laudon › Knödel-
hütte › Moosgraben › Bhf. Hütteldorf

TOUR
10,9 km (4 h) | RW | 190 hm

hof, um die rasch anschwellenden
Hochwasserwellen aufzufangen. Zur
Entlastung wurde 2003 zusätzlich der
Wientalkanal errichtet, um Teile der
Wassermassen sofort Richtung Do-
naukanal abzuleiten. Neuerdings darf
die Natur in den Retentionsbecken
auch ihre eigenen Wege gehen und
stellt nun das größte Feuchtbiotop im
Westen der Stadt dar.

Schloss Laudon

©AdobeStock/rromanple

Wegbeschreibung

▌Wir verlassen die Station Hütteldorf Richtung Hadikgasse und überqueren diese am Hackinger Steg. Nach ihrem Treppenabgang finden wir uns an der Kreuzung Lilienberggasse/Wientalstraße wieder. Hier überqueren wir die Wientalstraße und entdecken den Abgang zum Rad- und Fußweg am Wienfluss. Diesem folgen wir gegen seine Fließrichtung für 3,6km. Hier finden wir eine breite Autobrücke, die uns nach rechts in die Badgasse bringt.

An ihrem Ende sehen wir den Bahnhof Hadersdorf und die Mauerbachstraße. Ihr folgen wir bergan bis zum Schloss Laudon. Nach einer Besichtigung gehts einige Meter zurück. Linkerhand beginnt die Cottagestraße. Wir begehen sie, verlassen sie aber an der ersten Kreuzung wieder und folgen der Anzengruberstraße. Direkt nach der Kleingartenanlage Anzengruber biegen wir links auf einen kleinen Pfad und treffen wieder die Cottagestraße. Diese nach rechts

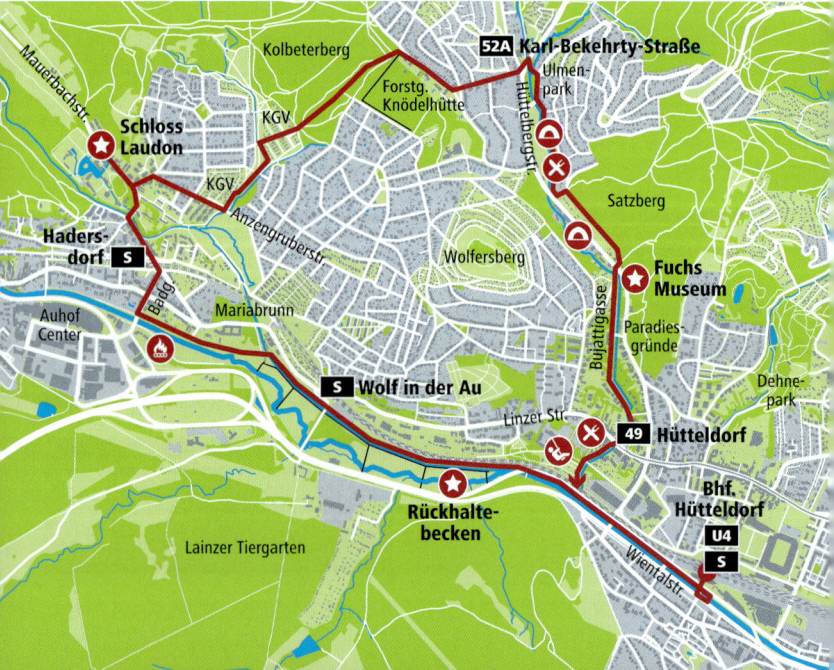

nehmen und auch auf ihrem Ausläufer im Wald geradeaus halten. Neben dem Forstlichen Versuchsgarten entlang gehen, bis wir die Knödelhüttenstraße erreichen. Diese nach rechts betreten und anschließend links die Haspelmeistergasse begehen. An ihrem Ende erwartet uns der Kreisverkehr Hüttelberg-/Amundsenstraße.

Wir überqueren ihn geradewegs, gehen über die Halterbachbrücke und biegen sofort danach rechts auf einen kleinen Pfad (Information Moosgraben) durch den Ulmenpark. Danach geht es rechts in die Ulmenstraße, in der wir auch auf den Halterbach stoßen und ihm folgen. Wieder treffen wir auf die Hüttelbergstraße und folgen ihr bergab zum Ernst Fuchs Museum.

Kurz davor startet die Bujattigasse. Ihr folgen wir bis zur Endstation der Linie 49 an der Linzer Straße. Die Linzer Straße wird überquert und der Ignaz-Prilisauer-Weg begangen. Nun folgen wir den Weg (entlang des Halterbaches), unterqueren die Bahnbrücke und finden uns am Wienflussweg wieder, der uns nach links zurück zur Station Hütteldorf bringt.

UNERWÜNSCHTE EINWANDERER

Durch den Rückbau und die Wiedervernetzung der Retentionsbecken Auhof hat die heimische Tier- und Pflanzenwelt Teile ihres Lebensraums zurückerobert. Allerdings nicht nur diese, sondern auch sogenannte Neobiota – Lebensformen, die vom Menschen in unser Ökosystem eingeschleppt worden sind. Die gefährlichste Pflanze für dieses Gebiet ist der japanische Staudenknöterich, eine ordinäre Gartenpflanze. Er überwuchert alles und für unsere Schilfbestände ist er eine ernsthafte Bedrohung. Auf – und zum Schutz der heimischen Flora ausreißen! Dagegen ist von Seiten der Biologen nichts einzuwenden, auch die Stadt führt einen stetigen Kampf gegen den Knöterich. Nur muss wirklich die ganze Pflanze erwischt werden, denn jeder Teil kann wieder keimen. In anderen Gegenden Österreichs hat der japanische Knöterich bereits ganze Täler überwuchert.

Die Rückhaltebecken sind ideal, um Fauna & Flora der Feuchtgebiete zu erkunden. ▼

Schleuse Rückhaltebecken

TOUR 11

Verborgene Reize

Auf der Suche nach neuen Natur- und Kulturschauspielen

Heute wagen wir uns an die südliche Grenze von Wien vor. Vom Stadtteil Rodaun wandern wir über die einzigartige *Perchtoldsdorfer Heide* und erkunden den Heurigenort. Am Marktplatz finden wir das Perchtoldsdorfer Wahrzeichen – den 60m hohen *Wehrturm* – der nicht nur bestiegen werden kann, sondern auch ein kleines Museum beherbergt. Unmittelbar daneben thront die wuchtige *Kirche St. Augustin*. Komplett wird das ganze Wehr-Ensemble mit der Burg. Diese wurde grandios renoviert und ausgebaut und dient nun unter anderem als Lokation für Ausstellungen zeitgenössischer Künstler und der Sommerspiele Perchtoldsdorf. Keineswegs fehlen dürfen natürlich die unzähligen Heurigen des Ortes, die mit Schmankerl der Extraklasse aufwarten.

Heide selbstgemacht

Die Geschichte der Perchtoldsdorfer Heide ist eigentlich eine sehr paradoxe Sache, denn entstanden ist dieser Biosphärenpark mit seinem seltenen Trockenrasen durch Eingriff des Menschen. Ursprünglich zog sich der Wienerwald auch über diese Zone. Doch dann wurde gerodet, um Ackerland

START & ANREISE
1230 Wien, Ketzergasse 443
Linien 60, 60A › Rodaun
(Haltestelle am Ausgangspunkt)

WEGVERLAUF
Ketzergasse › Perchtoldsdorfer Heide › Hyrtlallee › Marktplatz › Zellpark › Weinbau Iglsee › Ketzergasse

TOUR
6km (2h) | RW | 150hm

zu gewinnen. Doch ohne stützende Baumwurzeln trocknete der Boden rasch aus und konnte bald nur noch als Schafweide genutzt werden. Ab diesem Zeitpunkt wanderten Pflanzen der pannonischen Steppen ein und fassten Fuß. Heute ist die Heide Naturschutzgebiet und mit enormem Aufwand wird versucht, eine Rückwandlung zu verhindern.

Marktplatz

Wegbeschreibung

▎ Wir bewandern die Ketzergasse in Richtung aufsteigender Nummerierung. Nach dem Restaurant Gallo Rosso (Ketzergasse 465) gehts nach links in die Willergasse und wir folgen ihr, bis wir die Kaltenleutgebner Straße kreuzen und uns in der Sonnbergstraße wieder finden. Bei der ersten Möglichkeit nach der Bahn rechts in die Waldmühlgasse biegen, von der links ein Pfad Richtung Heide abzweigt. Nur wenige Meter und schon erreichen wir die Lutterwand. An dieser gehts links vorbei durch den Graben. Bald entdecken wir die vielen Wege der Perchtoldsdorfer Heide. Wir steigen ein Stück auf, allerdings nicht bis zum Waldrand, sondern halten uns stets parallel zu diesem und bewegen uns in südliche Richtung. Nach etwa 1km treffen wir auf die Perchtoldsdorfer Hundezone, gehen an ihr vorbei und treten in die Kriegsherrgasse ein. Nach ihrem Ende gehts die Hyrtlallee bergab.

Anschließend stoßen wir auf den Begrischpark, durchqueren ihn geradewegs, landen bei der Burg Perchtoldsdorf und kurz danach am Marktplatz. Wir biegen nach links, betreten gegenüber der Burgbar (Hochstraße 5) den kleinen Zellpark, gehen am Kulturzentrum links vorbei und stoßen auf die Beatrixgasse. Diese nach links begehen und nach wenigen Metern rechts in die Krautgasse wandern. Am Kreisverkehr Donauwörther Straße finden wir einen Fußweg, der zwischen Eisbahn und Billa durchführt. Er bringt uns zum Weingarten Iglsee. Diesen durchqueren wir geradeaus (in seiner Mitte finden wir die Mohrenberger Alm II), treten danach links in die Schubertgasse und anschließend rechts in die Kindermanngasse ein. Station Rodaun in Sicht!

SCHÜCHTERNE BEWOHNER

Über die Perchtoldsdorfer Heide spazierend stolpert man hin und wieder über Erdlöcher, aus denen – vorausgesetzt es ist still – hin und wieder kleine Wesen herauslugen: das europäische Ziesel. Die putzigen Tiere gehören zur Gattung der Erdhörnchen, die von Ostösterreich über Zentralasien bis in die Mongolei verbreitet sind. Die Ziesel sind Meister im Bauen von Erdhöhlen, wovon es zwei unterschiedliche Arten gibt. Den soliden Erdbau, in dem sie Nacht und Winterschlaf verbringen sowie Junge gebären, und den provisorischen Schutzbau, der ihnen als kurzfristiger Zufluchtsort während der Nahrungssuche dient. Ab September beginnen die Tierchen einen Vorrat (Wurzeln, Knollen, Zwiebeln) anzulegen und verschließen danach den Eingang ihres Erdbaus, um sich bis Anfang März dem Winterschlaf hinzugeben.

Die Lutterwand am Rande der Perchtoldsdorfer Heide ist eine kleine Felsformation und wie geschaffen zum »Kraxeln«. ▼

Weingarten
©AdobeStock/krigofineart

Lutterwand
©jne

Reges Leben

Ins facettenreiche Treiben von Augarten und Karmeliterviertel abtauchen

©AdobeStock/Georg Tschannett

Das Einzigartige am *Augarten* ist sein Facettenreichtum. Nicht nur die konträren Bauwerke – von den monströsen Flaktürmen bis hin zum edlen Barockschloss – sondern auch Straßenmusikanten, Bocciaspieler, Kulturgenießer sowie kulinarische Feinspitze treffen sich hier. Exponate aus 300 Jahren Porzellangeschichte finden wir im Porzellanmuseum (Mo. bis Sa. 10:00-18:00), untergebracht im ehemaligen kaiserlichen Lustschloss Augarten. Danach wird ins *Karmeliterviertel* abgetaucht, um dort auf Spuren der jüdischen Bevölkerung Wiens zu treffen. Mittendrin finden wir das *Wiener Kriminalmuseum* (Do. bis So. 10:00-17.00), das einen tiefen Einblick in die Polizeiarbeit der Stadt gibt. Ein besonderes Museum, aber nur für starke Nerven!

Die Augartentürme

Wenn man das Schloss sowie das Palais außer Acht lässt, sind die prägnantesten Bauwerke im Park wohl die zwei Flaktürme. Das Paar, das 1944 in die alte barocke Gartenanlage geknallt wurde und den Codenamen *Peter* trägt, besteht aus einem rechteckigen Leit- sowie einem runden Ge-

START & ANREISE
1010 Wien, Roßauer Lände 2
Linie U4 › Roßauer Lände
(Haltestelle am Ausgangspunkt)

WEGVERLAUF
Roßauer Lände › Gaußplatz › Augarten › Große Sperlgasse › Karmelitermarkt › Karmeliterkirche › Schwedenplatz

TOUR
4,3km (1¼h) | SW | 60hm

fechtsturm, der mit seinen 55m der höchste des Dritten Reiches war. Insgesamt 13 Stockwerke beherbergt er, wovon ein Großteil von Rüstungsbetrieben besetzt war. Im 11. Stock befanden sich Gasschleusen, Duschräume und eine Entgiftungsanlage. Paradoxerweise konnten die großen Geschützstände am Dach nie benutzt werden, denn die »Feinde« flogen

Augarten

längst außerhalb deren Reichweite. Auch der Leitturm gibt ein Rätsel auf, denn seine Fenster sind untypisch für einen Schutzbunker. So drängt sich die Frage nach dem wahren Baugrund der Türme auf. Einfach nur Propaganda zur Beruhigung des Volkes?

Wegbeschreibung

❚ Die Tour beginnt an der U4-Station Roßauer Lände, wo wir den Siemens-Nixdorf-Steg über den Donaukanal nehmen. Am anderen Ufer befindet sich der Aufgang zur Oberen Donaustraße, der wir bis zum Gaußplatz folgen. Rechts, neben der Pfarre Muttergottes, bringt uns ein Tor in den Augarten. Wir passieren den runden Gefechtsturm und wandern anschließend nach links zum rechteckigen Leitturm. Dort angekommen, rechts durch den Skulpturenpark zum Atelier Augarten flanieren. Dann gehts über die breite Saal-Allee in Richtung Süden. Vor dem Schloss Augarten (Porzellanmanufaktur) wandern wir nach

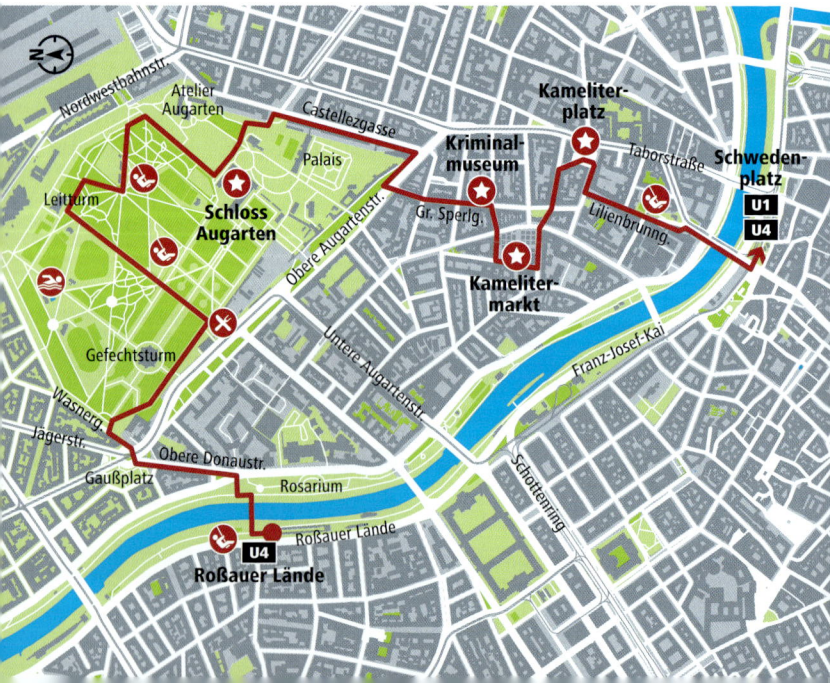

links und verlassen den Augarten an der Castellezgasse. Dieser nach rechts folgen, am Augartenspitz rechts in die Obere Augartenstraße und nach wenigen Metern links in die Große Sperlgasse eintreten. Bei Nr. 24 treffen wir das Kriminalmuseum. Kurz danach führt uns die Haidgasse nach rechts zum Karmelitermarkt. Am südöstlichen Ende des Marktes (Asia Haus)* beginnt die Karmelitergasse, die in Richtung Karmeliterplatz führt.

Dabei entdecken wir das Bezirksmuseum Leopoldstadt und die Kirche St. Josef. Neben ihr startet die Kleine Sperlgasse. Dieser wenige Meter folgen und danach links in die Lilienbrunngasse eintreten. Über die Marienbrücke erreichen wir anschließend den Schwedenplatz.

DEN JUDEN SEI DANK

Auf der ehemaligen Jagdinsel entstanden um 1430 die ersten Siedlungen, nachdem eine Verbindungsbrücke zu den Toren Wiens errichtet wurde. Durch den Antisemitismus im 17. Jahrhundert gewann das Gebiet plötzlich an Bedeutung, denn die gesamte jüdische Bevölkerung wurde aus den Stadtmauern in das Ghetto *Judenstadt,* das heutige Karmeliterviertel, delogiert. Unter Leopold I gab es eine erneute Vertreibungsaktion, aber aufgrund von Gesetzesänderungen durften sie zurückkehren und es entstand ein reiches, jüdisches Kulturleben. 1938 löschte das NS-Regime alles Jüdische komplett aus und nur wenige Überlebende konnten heimkehren. Heute wohnen etwa 30% der Wiener Juden rund ums Karmeliterviertel. So konnte ein bisschen von dem lieblichen, jiddischen Flair erhalten bleiben. »A sheynem Dank!«

Abstecher zu alten Schätzen: Historische Wiener Fassadenbeschriftungen begeistern uns am Ludwig-Hirsch-Platz!

Karmelitermarkt

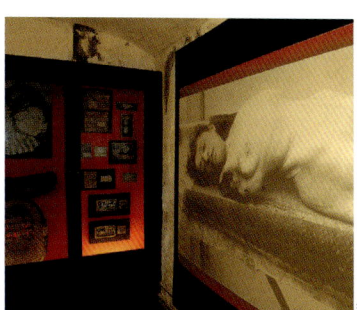
Kriminalmuseum

Tiefe Gründe

Ein Erholungsgebiet umgeben von düsteren Erinnerungen

©line

Die *Steinhofgründe*: Bezaubernde Wiesen, erholsame Wäldchen, alte Obstgärten, architektonische Jugendstil-Juwelen, doch alles mit einem dunklen Beigeschmack. Dabei begann alles im Gedanken des Humanismus. So beschloss der niederösterreichische Landtag 1902, nahe der alten Ottakringer Steinbrüche eine Heil- und Pflegeanstalt zu errichten. Sie war damals eine der modernsten und größten psychiatrischen Kliniken Europas. Als Architekten wählte man keine geringeren als Carlo von Boog und Otto Wagner. Pavillons mit großzügigen Terrassen, Gesellschafts- und Kureinrichtungen sowie breite Spazierwege sollten Erholung für Geist und Seele bringen. Am »Gipfel« der Anlage wachte die berühmte *Kirche am Steinhof* über die Patienten.

Doch mit der Machtübernahme der Nationalsozialisten änderte sich die Nutzung schlagartig. Die Devise lautete nun: Vernichtung »lebensunwerten« Lebens. Ausschlaggebend für dieses Gedankengut war die Darwinsche Evolutionstheorie. Die nationalsozialistischen Mediziner interpretierten diese so, dass »Erbkranke« – dazu

START & ANREISE
1140 Wien, Linzer Straße 394
Linie 49 › Rettichgasse
(Haltestelle am Ausgangspunkt)

WEGVERLAUF
Dehnepark › Steinhofgründe, Feuerwache › Kirche am Steinhof › Klinik Penzing (Otto-Wagner-Spital) › Dehnepark

TOUR
5,6km (1¾h) | RW | 130hm

zählten auch psychische Leiden oder Suchtkrankheiten – aus dem Genpool der Menschen entfernt werden mussten. Es wurde zwangssterilisiert, mit Apomorphin-Injektionen diszipliniert oder in Tötungsanstalten abtransportiert. Neun Pavillons wurden zur Jugendfürsorgeanstalt *Am Spiegelgrund* umfunktioniert, in denen etwa 800 Kinder mit Behinderungen ihr Leben

Kirche am Steinhof

lassen mussten. Davor wurden sie als Versuchskaninchen für die medizinische Forschung missbraucht.

Wegbeschreibung

Wir spazieren die Linzer Straße einige Meter stadtauswärts und biegen dann rechts in die Rosentalgasse. Ein paar Schritte weiter zweigt rechts die Dehnegasse ab. Auf Höhe von Hausnummer 15 führt ein Tor in den Dehnepark. Wir gehen links am Spielplatz vorbei und erreichen geradewegs den Teich. Nun an seinem rechten Ufer entlang und weiter bis zum Brückerl über den Rosenbach. Wir überqueren es nicht, sondern gehen rechts den serpentinenreichen Weg hinauf zum Ausgang am Herschweg. Dort angekommen, sehen wir das Herschwegtor zu den Steinhofgründen. Hindurch, dann geradeaus bis zum obersten Pavillon (Severin). Anschließend über den dort beginnenden Wiesenweg hinauf bis zum Stadl am Hauptweg. Rechts am Stadl vorbei und in einem

Rechtsbogen (NNO) bis zur großen Wegkreuzung vor der Feuerwache Steinhof. Geradeaus weiter zum Spielplatz gehen. An diesem rechts vorbei und dem Weg (entlang des kleinen Wäldchens) bis zur Kirche am Steinhof folgen. Über die Treppe erreichen wir das Areal der Klinik Penzing (ehemaliges Otto Wagner Spital).

Gleich nach der Treppe (Pavillon V) befindet sich die Gedenkstätte Steinhof. Danach geht es geradeaus und bergab zum Jugendstiltheater mit Mahnmal für die Opfer am Spiegelgrund. Hier wenden wir uns rechts, vorbei an den Pavillons 1, 3, 5 sowie Vindobona, und erreichen den Ausgang am pulmologischen Zentrum. Nun erneut rechts in die Sanatoriumstraße einbiegen und die Mauer entlang bis zur Abzweigung Dehnegasse. Diese begehen, um nach einem kurzen Stück wieder in den Dehnepark zu kommen. Neben Obstbäumen führt der Weg geradeaus zur Ruinenvilla. Hier startet ein abschüssiger Pfad nach links, der uns zum Spielplatz und dem Ausgang bringt. Nun wieder über die Dehnegasse und Rosentalgasse zurück zum Ausgangspunkt.

ZUKÜNFTIGES & VERGANGENES

Das Areal des Dehneparks – benannt nach dem Zuckerbäcker August Dehne – wurde 1791 für die Fürstin Paar als Landschaftspark mit verträumten Tempeln, Grotten und Pavillons angelegt. Anfang des 20. Jahrhunderts erwarb der Schauspieler Willi Forst das bereits verwilderte Gelände und ließ hier eine Villa im Stil der Neogotik errichten. Viele glanzvolle Feiern fanden dort statt, doch mittlerweile ist sie dem Verfall preisgegeben und wird nur noch Ruinenvilla genannt. Obwohl unter Denkmalschutz stehend, ist ihre Zukunft ungewiss. Auch das Spitalsareal Steinhof bangte ums Fortbestehen. Doch eine Bürgerinitiative konnte die Jugendstilanlage zum Großteil retten und im Jahr 2025 wird hier ein Universitätscampus der Central European University eröffnen.

Klinik Penzing, Pavillon V: Die Ausstellung zu den NS-Medizinverbrechen, gestaltet vom Dokumentationsarchiv des österr. Widerstands (www.gedenkstaettesteinhof.at).

Ruinenvilla

Feuchte Freuden

**Ein Weg durch reizvolle Landschaft
gespickt mit Badeplätzen und Voyeuren**

©AdopeStock/Creativemarc

Die *Blair-Witch* wohnt nicht in Wäldern von Burkittsville, sondern in der *Lobau*, da sind wir uns einig. Denn im Dickicht rund um die Lacken verstecken sich die verwegensten Behausungen, die oft als Unterschlupf für Verliebte oder Ausreißer dienen. Und abseits der Hauptwege geht verirren sehr schnell. All jenen, die in die Wildnis abtauchen wollen, sei Proviant und eine Wanderkarte empfohlen. Für unsere Tour ist dies allerdings nicht nötig, denn wir passieren einige Gaststätten und bleiben auf bekannten Wegen. Frisches Wasser im Gepäck wäre aber nicht verkehrt, denn unterwegs kann es recht warm werden.

Im Sommer ist die *Obere Lobau* ein Plätzchen für Freunde der Tollerei und Freizügigkeit. Für jene, die lieber in Ruhe das lebendige Feuchtgebiet sowie die Lacken in all ihrer Anmut erleben möchten, empfiehlt es sich bei kühlerem Wetter zu wandern, da sich dann nicht nur der Baderummel, sondern auch die Gelsen in Grenzen halten. Das gilt auch für den zweiten Teil unserer Tour, die uns entlang der *Neuen Donau* wieder zurück zum Biberhaufenweg bringt.

START & ANREISE
1220 Wien, Biberhaufenweg 175
Linie 92B › Raffineriestraße/Biberhaufenweg (Haltestelle am Ausgangspunkt)

WEGVERLAUF
Biberhaufenweg › Nationalparkhaus › Dechantlacke › Josefsteg › Panozzalacke › Neue Donau › Biberhaufenweg

TOUR
7,3km (2½h) | RW | 120hm

Wiener Wasserwald

Die 1996 zum Nationalpark erklärten Donau-Auen beginnen in der Lobau und erstrecken sich entlang der Donau bis an die slowakische Grenze. Entstehen konnten diese Auwälder durch das Auf und Ab der Donauwasserstände. Der Wiener Teil des Nationalparks war ursprünglich eine Insel im Donaustrom, die sich erst nach

Josefsteg

dessen Regulierung mit dem Festland verband. Der Name *Lobau*, althochdeutsch für *Wasserwald*, charakterisiert treffend die geheimnisvolle Landschaft aus Sümpfen, Lacken und Wäldern. Derzeit wird diskutiert, wie die Wasserzufuhr erhöht werden kann, um eine Austrocknung zu verhindern.

Wegbeschreibung

❚ An der Raffineriestraße verlassen wir den Bus und treten in den Biberhaufenweg ein. Nach dem Bahnüber-

gang gehts nach rechts zum Nationalparkhaus lobAU *(Öffnungszeiten: www.nph-lobau.wien.at)*. Dort markieren zwei hölzerne Pflöcke unseren Eingang ins Naturschutzgebiet. Der breite Dechantweg bringt uns geradewegs zur Dechantlacke. Wir folgen ihrem Ufer bis zum Rastplatz am südlichen Eck. Nun gehts nach links (anfangs immer noch am Ufer) bis zur nächsten großen Kreuzung. Hier nehmen wir den breiten Weg nach rechts, folgen ihm für 200m und biegen an-

schließend nach links. Kurz darauf können wir den hölzernen Josefsteg überqueren. Danach geradeaus bis zur nächsten T-Kreuzung gehen. An dieser nach rechts (Richtung Panozzalacke) wandern. Nun gehts den Fasangartenarm entlang, vorbei am Knusperhäuschen, an dem Strand der Panozzalacke und dem Bunker, bis die Lobgrundstraße erreicht ist. In diese biegen wir nach rechts, überqueren die Raffineriestraße und steigen hinunter zur Neuen Donau. Wir folgen dem Uferweg gegen die Fließrichtung.

Nach 2,5km (kurz vor der Steinspornbrücke) ist ein kleiner Platz erreicht, den ein alter Schiffsanker ziert. Hier gehen wir rechts hinauf und erreichen wieder unsere Bushaltestelle an der Raffineriestraße.

NAPOLEONS ERSTE NIEDERLAGE

Mai 1809: Österreich befand sich mit Frankreich im Krieg und Napoleon hatte die Stadt Wien eingenommen. Unbeirrt setzte er seinen Feldzug in Richtung Aspern fort. Doch um dieses Ziel zu erreichen, musste er zuerst die von der Schneeschmelze hochwasserführende Donau und ihr Überschwemmungsgebiet, die dicht bewachsene Lobau, überqueren. Dieses von Napoleon falsch eingeschätzte Unterfangen schwächte seine Armee so sehr, dass sie von den österreichischen Truppen unter Erzherzog Karl geschlagen werden konnte. Napoleon musste zum ersten Mal in seiner militärischen Laufbahn den Befehl zum Rückzug erteilen und saß in der Lobau fest. Österreich konnte zwar in der nächsten Schlacht besiegt werden, aber Napoleons Image wurde durch Fehleinschätzung der Naturgewalten zerstört.

Nackt baden in Naturgewässern:
Das geht problemlos in den Lobauer Lacken oder im FKK Bereich an der Neuen Donau.

Biber

Neue Donau

TOUR 15

Heitere Vielfalt

Neues und Traditionelles im Grünen Prater aufstöbern

Der *Wurstelprater* hat es in sich, keine Frage. Hier kann man sich das Großhirn von Schwungkräften ordentlich durchbluten oder den Mageninhalt von enormen Drehkräften durchmischen lassen. Wer Lust dazu hat, kann dies nach unserer Tour gerne probieren. Uns zieht es zuerst in den Grünen Prater, der mit seinen breiten Alleen, großen Wiesen, stillen Gewässern und Auwaldresten immer ein Erholungsort bleiben wird. Dabei passieren wir das *Viertel Zwei* einen neuen, interessanten Stadtteil an der *Trabrennbahn Krieau* sowie die historischen *Stallungen Freudenau*.

Offen ist er

Wieder einmal war es der Menschenfreund Kaiser Joseph II, der den Prater 1766 für das gemeine Volk öffnete. Zuvor war das umzäunte Gelände nur Adeligen zugänglich, die durch die Kastanienallee bis zum Lusthaus kutschiert werden durften. Nach der Öffnung siedelten sich an der Hauptallee Kaffeehäuser an, die zum Treffpunkt des Bürgertums wurden. Zu dem einstigen Puppentheater am heutigen Praterstern, in dem der Hanswurst (daher der Name Wurstelprater) die Kinder

START & ANREISE
1020 Wien, Trabrennstraße 6
Linien U2, 82A › Krieau
(Haltestelle am Ausgangspunkt)
WEGVERLAUF
Viertel Zwei › Trabrennbahn Krieau › Prater Hauptallee › Lusthaus › Freudenau › Birkenwiese › Zirkuswiese › Praterstern
TOUR
10,4km (3½h) | SW | 138hm

belustigte, gesellten sich immer mehr Attraktionen und ließen den Vergnügungsort rasant wachsen. 1839 entstand im Osten die Trabrennbahn Krieau und im Süden des Praters die Rennbahn Freudenau. Diese ist in Privatbesitz und teilweise noch im Zustand wie vor 100 Jahren. Mit Erlaubnis dürfen wir uns dort umsehen. Die größte Attraktion im Prater, die Ro-

Viertel Zwei

tunde, fiel 1937 einem Brand zum Opfer. Das Gebäude wurde anlässlich der Weltausstellung 1873 errichtet und wartete mit der größten Kuppel (ø108m) der Welt auf. In ihr fand auch die letzte große Veranstaltung der Monarchie statt. Für die sogenannte Adria-ausstellung wurden ganze Straßenzüge von Küstenstädten aufgebaut.

Wegbeschreibung

Neben dem Eingang zur Messehalle D steht ein Imbissstand im Igeldesign.

Von diesem gehen wir auf den Tower (Hoch Zwei) zu, betreten das Viertel Zwei und überqueren die Brücke der Anlage. Weiter geradeaus, neben Marriott Hotel und Trabrennbahn vorbei, bis wir am Raiffeisen Campus anstoßen. Rechterhand wird die Trabrennstraße erreicht, in diese links eintreten. Wir folgen ihr geradeaus, bis die Prater Hauptallee erreicht ist und nach links begangen wird. Nun wandern wir auf der Hauptallee geradewegs bis zum Lusthaus. Genau da-

hinter befindet sich die Rennbahn-straße (Gösser Bierinsel), auf der wir einen Abstecher zum Gelände der alten Rennbahn Freudenau machen.

Bevor wir diese erreichen, stoßen wir auf ein meist geschlossenes Tor. Dort nach rechts biegen und am Maschendrahtzaun entlang bis zu einer kleinen Eingangstüre. Hier können wir fragen, ob wir uns im ehrwürdigen Gelände umsehen dürfen. Meist wird dies erlaubt. Nach unserem Rundgang durch die alten Stallungen spazieren wir zurück zum Lusthaus. Nun gehts nach links über die Belvedereallee bis kurz vor den Sportplatz Birkenwiese (Stadtwanderweg 9). Wir wählen den Weg nach rechts, unterqueren die Autobahn und wandern entlang des KGVs Wasserwiese zur breiten Stadionallee. Diese überqueren und anschließend stets geradeaus halten. Auf unserem Weg passieren wir eine Hundeauslaufzone, die Jesuitenwiese, das ASKÖ Sportzentrum, den Konstantinteich und die Zirkuswiese. Schließlich mündet unser Weg wieder in die Hauptallee, die uns zum Praterstern bringt. Oder aber, wir flanieren über den Wurstelprater zurück ;-).

GEMMA NACH VENEDIG

Im Mai 1895 eröffnete auf der heutigen Kaiserwiese im Wiener Prater der erste Themenpark der Welt: Venedig in Wien. Auf einem Areal von etwa 5.000m² fanden die Besucher begehbare, originalgetreue Nachbauten von Palazzi, Cafés sowie Attraktionen, wie den *Turm von Murano*, in dem Glasbläser zu beobachten waren. Auf den angelegten Kanälen konnten romantische Fahrten in venezianischen Gondeln, angetrieben von italienischen Gondolieri, unternommen werden. Die im Park untergebrachten Bühnen zeigten Lustspiele, Operetten und Ballette mit namhaften Darstellern. Die Illusionenlandschaft zog Menschen aller Schichten an – so verzeichnete das erste Jahr ca. 2 Millionen Besucher. Jährlich wurde um neue Attraktionen erweitert, eine davon war unser Wiener Riesenrad im Jahr 1897.

Echte Kuriositäten aus der Pratergeschichte hat das Pratermuseum im Planetarium!
(Fr. bis So. 10:00-13.00 & 14:00-18:00)

Reste der Rennbahn Freudenau

Schulmilch

schmeckt einfach gut!

Woher kommt die Schulmilch?

Die Schulmilch kommt in Österreich von 51 Schulmilchbauern, die Kühe halten um Milch zu erzeugen. Schulmilch wird in Österreich durch das EU-Schulprogramm finanziell gefördert.

Was fressen die Kühe?

Die Kühe erhalten nur gentechnikfreie Futtermittel. Hauptsächlich fressen sie nur das, was in der Umgebung der Bauernhöfe auf den Wiesen und Äckern wächst. Futter und Wasser steht den Tieren Tag und Nacht jederzeit zur freien Entnahme zur Verfügung.

Wie wird die Milch gewonnen?

Die Kühe werden zweimal täglich mit einer Melkmaschine gemolken. Vereinzelt kommen auch automatische Melksysteme zum Einsatz.

Wie wird die Milch verarbeitet?

Die Milch wird anschließend in der Hofmolkerei direkt am Betrieb verarbeitet. Alle Schulmilchbetriebe halten höchste Hygienestandards ein und werden auch kontrolliert. Schulmilchprodukte sind pasteurisiert. Bei Milchprodukten mit Kakao, Vanille oder Früchten ist der Zuckerzusatz streng geregelt. Dieser darf ab heuer maximal 4,5 Prozent betragen, ab dem Schuljahr 2022/2023 sogar nur maximal 3,5 Prozent.

Wie kommt die Schulmilch in die Schule?

Aufgrund von Bestellungen der Schülerinnen und Schüler werden die Schulmilchprodukte direkt in die Schule geliefert und dort verteilt. Immer mehr Schulen bieten auch Automaten mit Schulmilchprodukten an. Diese Frische und Regionalität können nur Schulmilchprodukte bieten.

Wie kann mein Kind am EU-Schulprogramm teilnehmen?

Unter www.ama.at finden Sie alle Details. Die regionalen Schulmilchbauern bieten im Einverständnis mit der Schule gerne auch Verkostungen und Exkursionen an.

www.ama.at/Fachliche-Informationen/Schulprogramm

MIT FINANZIELLER UNTERSTÜTZUNG DER EUROPÄISCHEN UNION

Weinrote Liebe

Von Nußdorf nach Sievering über Wiens höchste Erhebungen

©AdobeStock/A. Karnholz

Heute machen wir Höhenmeter, denn erklommen werden der Nuss-, der Kahlen- und der Vogelsangberg. Zudem streifen wir den Hermannskogel, der mit 542m der höchste Punkt Wiens ist. Weinhänge, herrliche Aussichten und etliche verführerische Einkehrmöglichkeiten machen die Wanderung zu einem lustvollen Spaziergang. Ob die Hütte am Weg, der Heurige Sirbu, das Häuserl am Stoan, der Grüass Di a Gott Wirt, das Gasthof Agnesbrünnl oder der Mayer am Nussberg – wohlklingende Namen, die wohlschmeckende Schmankerln und ein wohltuendes Glaserl Wein versprechen. Ob nun nüchtern oder nicht, am Ende landen wir an der Sieveringer Kirche St. Severin, deren Orgel 1925 extra für den Stummfilm »Die zehn Gebote« gebaut wurde.

Urbaner Weinbau

Wien, die einzige Weltstadt mit Weinbau innerhalb der Stadtgrenzen, ist mit ihrem Lieblingsgetränk genau so eng verbunden, wie der Mörtel mit dem Ziegel. Was wie eine Metapher klingen mag ist jedoch Realität, denn beim Bau des Stephansdoms wurde tatsächlich Wein in den Mörtel ge-

START & ANREISE
1190 Wien, Zahnradbahnstraße 8
Linie D › Endstation Nußdorf Beethovengang (Haltestelle am Ausgangspunkt)

WEGVERLAUF
Nussdorf › Elisabethwiese › Kahlenberg › Stefaniewarte › Jägerwiese › Häuserl am Stoan › Reißerkreuz › Sievering

TOUR
13,7km (4½h) | SW | 420hm

mischt. Es war allerdings eine Notlösung, denn die strengen Qualitätskontrolleure befanden den Jahrgang 1456 für viel zu sauer und um das Wegschütten – das einer Gotteslästerung gleichkam – zu umgehen, wurde dieser Wein kurzerhand zu »Bauwasser« umfunktioniert. Im Mittelalter erreichte der Anbau zwar seinen Höhepunkt, doch mit einer innerstädtischen

Am Kahlenberg

Rebfläche von gut 680ha und etwa 230 Winzerbetrieben, kann sich der »Weinort« Wien heute immer noch sehen lassen.

Wegbeschreibung

An der Straßenbahn-Endstation Nußdorf beginnt der beschilderte Beethovengang. Diesem folgen, bis er kurz vor dem Heiligenstädter Friedhof in die Wildgrubgasse ▭ mündet. Der Schreiberbach bleibt unser ständiger Begleiter bis zur Brücke in Richtung Mukenthalerweg. Wir nehmen jedoch den Feldweg danach – der nach rechts zur Kahlenberger Straße (Mayer am Nussberg/Heuriger Sirbu) führt. Auf dieser angelangt, links hinauf bis zur ersten Abzweigung gehen. Sie bringt uns nach rechts wandernd in die kleine Eiserne-Hand-Gasse. Nach 150m beginnt links ein Waldpfad (Stadtwanderweg 1) der zur Elisabethwiese/Hütte am Weg führt. Unter der Hütte beginnt ein ▭ markierter Pfad, der uns direkt auf den Kahlenberg

bringt. Gegenüber der Kirche St. Josef (beim Brunnen der Elisabeth-Ruhe) spazieren wir hinauf zur Stefaniewarte – an dieser geradewegs vorbei bis zur Höhenstraße. Überqueren und nach links in den Fußweg, parallel zur Höhenstraße, biegen. Nächste Station ist die Schönstatt/Sulzwiese. Hier nun leicht rechts haltend am  Hermannskogelweg weiterwandern.

Am Gasthof Agnesbrünnl (Jägerwiese) angelangt, gehts links auf  hinunter zur nächsten Gaststube: dem Grüass Di a Gott Wirt. Nun parallel zur Höhenstraße bis zum Häuserl am Stoan gehen. Geradewegs an der Gaststätte vorbei und immer geradeaus auf  halten, bis die breite, asphaltierte Agnesgasse (Reißerkreuz) erreicht ist. Überqueren und in den schräg gegenüberliegenden Hubert-Eder-Weg treten. Anschließend bis zum Beginn des Friedhofs Sievering flanieren. Jetzt links die Brechergasse hinuntergehen, die in die Sieveringer Straße mündet. Ein Blick nach links und wir sehen unser Ziel, die Kirche St. Severin. Dort startet auch der Bus 39A in Richtung Heiligenstadt (U4).

Wehlis Wege

**Zwischen Brücken, Höfen und Türmen –
die zerstückelte Wehlistraße hat viele Gesichter**

©Loris

Wer kennt es nicht – man plant ein Vorhaben, will es geradlinig erreichen, doch immer wieder springt ein Hindernis in den Weg. Das Ziel rückt oft nur nach Umwegen näher, lehrt uns die *Wehlistraße*. Diese verläuft eigentlich schnurgerade, nur einen Häuserblock von der parallelen Donau entfernt. Manchmal als klassische Straße, dann als ruhiger Fußweg, dazwischen durch Gemeindebauten oder Passagen. Immer wieder ist sie aber unterbrochen, etwa durch Brücken oder Gebäude, und manchmal streckt sie sich sogar in eine andere Richtung. So kommt es, dass sich durch Zerstückelungen und Verzweigungen etwa elf Straßenabschnitte »Wehlistraße« nennen – inoffizielle Abschnitte noch gar nicht mitgezählt, etwa ein Trampelpfad durch eine Stadtwildnis. Wir begehen sie alle! Wo sonst können wir eine lange gerade Straße in so vielen Facetten erleben?

Wegbeschreibung

Nach der Nußdorfer Unterführung queren wir den Donaukanal auf der Schemerlbrücke, schlendern rechts Am Brigittenauer Sporn, gehen nach

dem Schleusengang die Stiege runter und direkt am Kanalufer flussabwärts. Hier am Nordspitz der Brigittenau lässt ein monströser Straßenknoten einer Wehlistraße noch keinen Platz, daher gehen wir unterhalb des Nußdorfer Stegs nach der Hundezone links und nach dem Durchlass rechts. Via Steg, Unterführung, Schongauergasse, Griegstraße und R.-Blum-

Mexikoplatz

Gasse erreichen wir die Wehlistraße, der wir nun kompromisslos folgen.

Kurios geht es los, denn die niedrigste Hausnummer ist nicht 1, sondern 14. Beim Mendel-Denkmal steht uns die Rampe der Floridsdorfer Brücke im Weg, wir weichen rechts durch die Unterführung am Friedrich-Engels-Platz aus. Teil **2** der Wehlistraße führt zur Stromstraße, wo es geradeaus via Durchhaus und Portal der Millennium-City direkt zu Teil **3** geht. Bei

der Traisengasse umgehen wir rechts die Brigittenauer Brücke, stapfen aus der Engerthstraße aber bald links als Wehlistraßen-Ersatz quer durch einen Wald zur Holubstraße und über einen Fußweg zur Weschelstraße. Rechts das PVA-Gebäude umgehend erreichen wir unser **4**. Wehli-Kapitel. Beim Rosenpark links unter dem »Hindernis« Reichsbrücke durch, vor der Kirche hinauf zum **5**. Stück, das uns mitten in einen Gemeindebau führt. Nach dem Durchhaus kurz

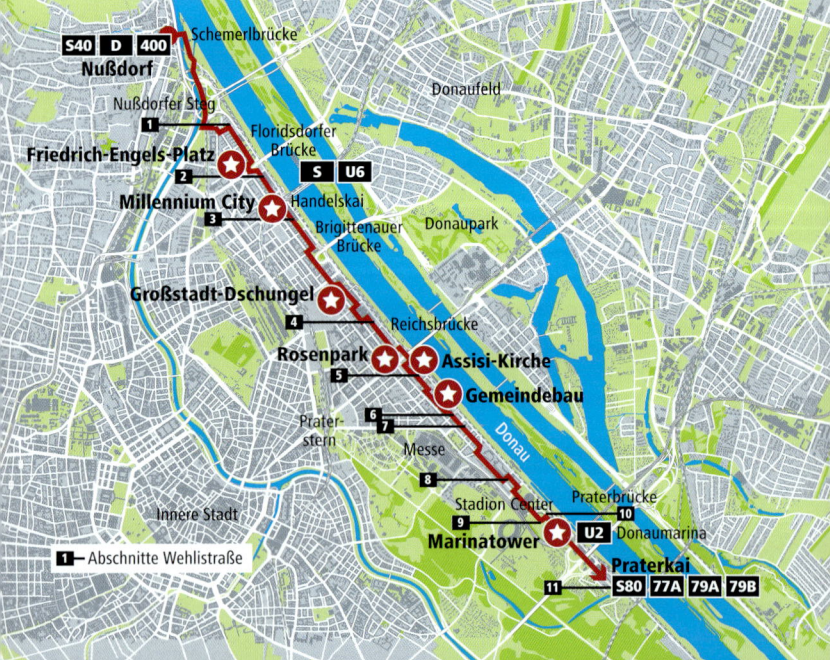

rechts und bei der Venus-Skulptur links durch die Wohnanlage bis zur Kafkastraße, wo die **6**. bzw. nach der Machstraße die **7**. Wehlistraße warten – letztere als Fußweg durch Höfe. Bei der Offenbachgasse rechts ausweichen, die Dr.-Natterer-Gasse bringt Abschnitt **8**, klein aber fein. Nach der Meiereistraße kommen wir zwischen Sport- und Einkaufshallen und über den Josef-Fritsch-Weg zum **9**. Mal zur Wehlistraße – um 90 Grad verdreht und ohne ungerade Hausnummern. Ab dem Marathonweg bringt uns – wieder in gewohnter Richtung – der **10**. und längste Teil der Wehlistraße bis zu einer ehemaligen Straßenbahnschleife vor der Stadlauer Brücke. Hier zweigt links der **11**. Teil zum Handelskai (Bus und S-Bahn Praterkai) ab.

REGULIERUNG & RAUMGEWINNUNG

August Freiherr von Wehli lebte von 1810 bis 1892 und war Vizepräsident der Donauregulierungskommission, welche zum Schutz vor Hochwässern die vormals kurvige und wild verästelte Donau in ein gerades Bett zwängte. So entstand neue bebaubare Fläche inklusive der Wehlistraße, welche 1892 diesen Namen erhielt und seither stetig durch sich wandelnde Bebauung ihr Gesicht verändert: Die Franz-von-Assisi-Kirche am Mexikoplatz steht seit mehr als 100 Jahren, die meisten Gemeindebauten sind aus den 20er, 50er und 70er Jahren und der Millennium Tower hat Baujahr 1999. Zwischen Stadion und Praterbrücke hat sich das Stadtbild in den letzten Jahren durch die U2-Verlängerung am meisten verändert. Industrie- und Brachflächen wichen großen Wohn- und sonstigen Bauten, der Marina Tower wird 2022 fertig.

Immer wieder ermöglichen Seitengassen und Stege Ausblicke auf Donau & DC Tower.▼

Gemeindebau Wehlistraße 305, erbaut 1930

Judith-Deutsch-Steg

Oide G'schichten

Quer durch das Herz von Wien, umgeben von dunkler Vergangenheit

©AdobeStock/mr._reverend

Wir spazieren heute durch die Innere Stadt und dringen tief in das Herz von Wien ein, das lebendig und kräftig pocht. Denn eine Vielzahl von Flaneuren und Touristen bewegen sich durch Wiens Hauptschlagader und bescheren unserem Gehör verschiedenste Sprachen und Dialekte. Gepaart mit den gleichmäßigen Hufklängen der Fiakerpferde rauscht dieses fremdartige Gemurmel sanft bis in die kleinste Seitenarterie der Stadt. Jenes seltsame Geräusch wird von einer mystischen Aura begleitet, die unsichtbar die historischen Gassen durchströmt. Uralte Geschichten klammern sich an die dicken Mauern und längst vergangene Taten besiedeln die hübschen Wiener Hinterhöfe.

Nekropole Wien

Der Tod muss a Weaner sein – denn in keiner anderen europäischen Stadt liebäugelten die Bewohner so sehr mit ihm. In Heurigenliedern besungen oder in der Literatur beschrieben – er war stets ein enger Freund des Wieners. Die Grüfte der Innenstadt lassen erahnen, wie nahe die Hinterbliebenen ihren Verstorbenen sein wollten, und so mancher Reformer biss sich

START & ANREISE
1010 Wien, Minoritenplatz
Linie U3 › Herrengasse
(Aufgang Minoritenplatz)

WEGVERLAUF
Minoritenplatz › Michaelerplatz › Neuer Markt › Singerstraße › Stephansplatz › Ruprechtsplatz › Schwedenplatz

TOUR
3,6km (1¼h) | SW | 70hm

die Zähne an dem Vorhaben aus, die Bestattungen innerhalb des Stadtzentrums zu verbieten. Im 19. Jahrhundert begann sich ein Kult um den letzten großen Auftritt, »a schene Leich« (schönes Begräbnis), zu entwickeln. Beinahe jeder Wiener sparte schon zu Lebzeiten auf einen angemessenen Abgang. Denn *»einmal machts an Plumpser und aus is…«*

Eingang Loretokapelle

Wegbeschreibung

▌An der U3-Station Herrengasse den Aufgang zum Minoritenplatz nehmen, der auch gerne das Herz des Wiener Regierungsbezirks genannt wird. Ihn umringen Innen-, Außen- und Unterrichtsministerium, das Haus-, Hof- und Staatsarchiv sowie wie das Bundeskanzleramt. Inmitten derer steht die Minoritenkirche, wo das Grabmal des italienischen Dichters und Librettisten Pietro Metastasio zu finden ist. Seinen einbalsamierten Leichnam finden wir allerdings erst, wenn wir zuerst der Bruno-Kreisky-Gasse und dann der Schauflergasse nach links folgen. Denn er ruht in der Gruft der Michaelerkirche. Und die ist sehenswert, für alle die es schaurig mögen. Denn die konstante Temperatur unter der Erde hat die Leichen mumifiziert, die nun die Besucher aus offenen Särgen anblicken. Weiter gehts nun durch die Reitschulgasse zum Josefsplatz.

Wir treten durch die Pforten der Augustinerkirche und gehen am pyramidenförmigen Canovadenkmal – man beachte sein Tor ins Totenreich – vorbei zur Loretokapelle, die 1784 in den Untergrund verlegt wurde.

Schon das Portal – bemalt mit Totenköpfen – lässt erahnen, dass hier einst die Wiener Totenbruderschaft ihren Sitz hatte. Die angrenzende Herzerlgruft beherbergt 56 Herzen von Habsburgern, die in Urnen aufbewahrt werden. Nun wandern wir in die Augustinerstraße über den Lobkowitzplatz in die Gluckgasse, an deren Ende sich die Kaisergruft befindet. Hier stehen die prachtvollen Sarkophage mit den sterblichen Hüllen der Habsburger (ohne Herzen und Eingeweide). Das prunkvollste Mausoleum ist – wie könnte es auch anders sein – die Maria-Theresien-Gruft.

Wieder frische Luft atmend, gehen wir über den Neuen Markt, biegen in die Donnergasse ein, überqueren die Kärntner Straße und landen in der Himmelpfortgasse. Linker Hand beginnt die Rauhensteingasse. Bei Nr. 10 stand ein Gebäude, das den Namen *Malefizspitzbubenhaus* trug. Leider ist nichts mehr davon erhalten, denn ein Kaufhaus steht nun an jener Stelle, wo einst Wiens grausamstes Gefängnis untergebracht war. Ob schuldig oder unschuldig, hier kam keiner lebend heraus (siehe Seitentext).

Nun spazieren wir rechts in die Ballgasse, eine der innerstädtischen Gassen, die ihren mystischen Reiz noch in den Mauern trägt. Ebenso wie die Innenhöfe der Singerstraße 7, 16 und der Blutgasse 3 (Pawlatschenhäuser), die über den Franziskanerplatz erreicht werden. Von der Blutgasse nun links in die Domgasse, geradeaus durch die Passage bis zum Stephansplatz und durch das Seitenportal (Bischofstor) in den Stephansdom.

Hier gibt es eine Vielzahl an Legenden. Schon beim Bau des Nordturmes (unvollendet) war der Teufel mit dabei und die Fratzen der dämonischen Wasserspeier grinsen von der Fassade. Im Inneren angekommen befindet sich links der Abgang zu den Katakomben – der Totenstadt unter dem Stephansdom, in der man unter anderem noch ein Einwurfsloch zu einer Pestgrube findet. In der nördlichen Turmhalle begegnen wir dem leidenden *Zahnwehherrgott*, der angebetet wurde, um Zahnschmerzen zu heilen, und in der Nähe der Katharinenkapelle der *Dienstbotenmuttergottes*, die der Sage nach eine Magd vor der Verurteilung gerettet haben soll.

ARME SÜNDER

Das erste Kriminalgefängnis Wiens (Rauhensteingasse 10) wurde unter dem Namen »Malefizspitzbubenhaus« geführt. Es gab von 1608 bis 1722 kaum einen Ort in Wien, an dem die Grausamkeit so geballt war, wie hier. Das Kellergewölbe ging nicht nur mehrstöckig in die Tiefe, sondern reichte auch unter die benachbarten Häuser. Den Gefangenen wurden Ringe um den Leib geschmiedet, sie lagerten auf Stroh und Folter war an der Tagesordnung. Dabei wurden Gelenke ausgerenkt, Knochen gebrochen und die Inhaftierten warteten monatelang verletzt in den Zellen auf ihr Urteil. Überlebende sahen das Tageslicht nur kurz, entweder als Krüppel mit kurzer Lebenserwartung oder am Weg zur Richtstätte. Der traditionelle Gang der »armen Sünder« führte durch die Liliengasse bis zum Galgen am Hohen Markt, begleitet von zahlreichen Schaulustigen.

Dank des stabilen Klimas wurden die Toten der Michaelergruft zu Mumien.▼

Michaelergruft

Besonders ist auch das *Hündlein Ohnefurcht*, das ganz oben auf der Kanzel liegt. Es sollte Kindern helfen, ihre Alpträume zu überwinden.

Durch das Hauptportal hinausgetreten befinden sich rechts an der Fassade zwei waagrechte Stangen – die Ellen – die dazu dienten, Maße von gekauften Waren zu überprüfen. Links davon finden wir »O5« in die Mauer geritzt – das war ein Zeichen des Widerstands gegen den Nationalsozialismus.

Interessant am Stephansplatz ist noch der sagenumwobene *Stock im Eisen* und die *Virgilkapelle*, die von der U-Bahn-Station aus betrachtet werden kann. Weiter gehts in die Rotenturmstraße, dann über den Lichtensteg und den Hohen Markt (im Mittelalter Hinrichtungsstätte) unter der *Ankeruhr* hindurch in die Judengasse bis zur Ruprechtskirche. Diese älteste Kirche Wiens entstand etwa um 800. Ihr Inneres ist sehr schlicht, aber atmosphärisch reizvoll. Direkt darunter liegt

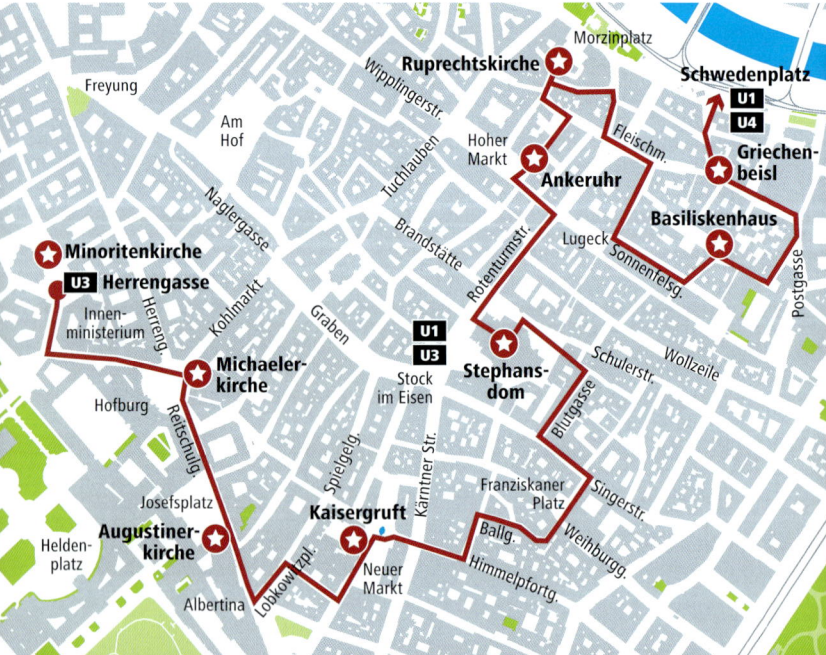

der Morzinplatz, einer der sechs traurigen Tatorte des Attentats 2020. Dem nicht genug, denn hier stand auch das gefürchtete *Hotel Métropole,* in dem das Gestapo-Hauptquartier Wien untergebracht war. Vom Eingang Salztorgasse führte ein Abgang in das nationalsozialistische Terror-Gefängnis.

Nun zurück in die Seitenstettengasse, dann rechts in den Rabensteig. Mit diesem Eck hat es eine besondere Bewandtnis, denn es lag einst direkt an der Donau und aufgrund einer leichten Biegung wurden hier regelmäßig Wasserleichen angespült, die den Wäscherinnen ins *Tuch* gingen. Anschließend links in den Fleischmarkt treten, dann über Köllnerhof- und Sonnenfelsgasse in die Schönlaterngasse wandern. Hier finden wir bei Nr. 7 das legendäre *Basiliskenhaus* (Sage). Am Ende der Gasse links in den Fleischmarkt biegen und schon sind wir beim *Griechenbeisl*, eine der ältesten Gaststätten Wiens, in dem zu Pestzeiten der *liebe Augustin* verkehrte (Figur im Keller). Zu guter Letzt nehmen wir die Griechengasse und am Schwedenplatz ist es Zeit, aus der Vergangenheit aufzutauchen.

TEUFEL, TOD UND WEIN

Bündnisse mit dem Teufel waren in Wien keine Seltenheit. Er war am Bau des Stephansdoms ebenso beteiligt wie auch bei der Entstehung des »Stock im Eisen«. Aber auch seltsame Kreaturen wie den Basilisken in der Schönlaterngasse 7 beherbergt diese Stadt. Eine gespenstische Katze geht nachts auf den Dächern um und der Tod lässt sich mit dem Fiaker durch die Gassen kutschieren. Nicht zu vergessen die Legende um die mythische Figur des Sängers Augustin, der betrunken in eine Pestgrube fiel, dort seinen Rausch ausschlief und am nächsten Tag dann gesund weitersang. Eine schöne Metapher, dass mit Gesang, morbidem Schmäh und einem Glaserl Wein sich in Wien jede schwere Zeit überstehen lässt. Durch ein Gitter am Eingang des Griechenbeisls erhält man auch Einblick in die Kellernische, in dieser der liebe Augustin munter weitersäuft.

Das Mark-Twain-Zimmer im Griechenbeisl: Hier trank nicht nur der »liebe Augustin«. ▼

Griechenbeisl

Neptunische Gründe

Verschmelzen mit einer Welt, die von den Launen ihrer Gewässer geprägt ist

©line

Falls Poseidon einen Nebenwohnsitz in Wien hat, dann begegnen wir ihm bestimmt an den Ufern der südlichen Donauinsel. Dort, wo sich die Donau mit dem Entlastungsgerinne und dem Donaukanal vereint und die Gewässer gemeinsam als großer Strom in Richtung des Schwarzen Meeres weiterziehen. Auch die verträumten Hausboote, die einsamen Angler und das Wissen um die ehemals verschlingenden Stromschnellen gegenüber dem *Friedhof der Namenlosen* haben etwas Neptunisches. Ganz nach Poseidons Geschmack wäre auch die versteckte *Rohrinsel*. Die teilweise mit feinem Sandstrand überzogene Landzunge zeigt sich nur bei niederem Wasserstand und ist wie geschaffen dafür, das »All-Ein-Sein« auszuprobieren.

Biotope der südlichen Insel

Die Wiener Donauinsel entstand zwischen den Jahren 1972 und 1988. Beim Bau wurde nicht nur Beton verwendet, wie manch Kritiker meint, sondern es wurde versucht, einige Auwald-Relikte der ehemaligen Donau-Altarme zu erhalten. Eines davon ist der *Tote Grund*. Eine Schwelle verhindert heute, dass das Wasser (hier

START & ANREISE
1220 Wien, Finsterbuschstraße/Ölhafen
Linie 92B › Ölhafen
(Haltestelle am Ausgangspunkt)

WEGVERLAUF
Wehr 2 › Donauinsel-Südspitze › Rohrinsel › Hüttenteiche › Toter Grund › Ruderzentrum › Steinspornbrücke

TOUR
9,5km (3¼h) | SW | 80hm

stellenweise zwei Meter tief) abfließt. Damit kann dieser Teil des einstigen Überschwemmungsgebietes weiterbestehen. Zudem wurden während der Bauarbeiten durch Absenken der Donauinsel-Oberfläche Biotope angelegt. Die ältesten nennen sich *Hüttenteiche*. Ihre geringe Tiefe und der dichte Bewuchs sind nun ein idealer Laichplatz für viele Amphibien. Et-

Wehr 2

was neuer ist der *Schwalbenteich*, der aus einer ehemaligen Humusdeponie entstand. Dieses Gewässer liegt zwischen festsandigen Wänden, in denen sich die kleinen Uferschwalben ihre Nistplätze anlegen.

Wegbeschreibung

▌ Von der Busstation geht es über den Parkplatz der Finsterbuschstraße zum Ufer der Neuen Donau. Wir wandern flussabwärts auf das Wehr zu, überqueren es und folgen dem asphaltierten Weg bis zur Donauinsel-Südspitze. *Land's End* ist erreicht und die Stufen laden zu einer Rast mit Fernblick ein. Wir gehen nun an der anderen Inselseite stromaufwärts weiter. Nach einigen Minuten mündet der Asphaltweg in einen Treppelweg am Ufer, an dem wir uns orientieren.

Aber um die schönsten Plätze zu erkunden, müssen wir ab und zu nach rechts oder links abtauchen. Nun die Abstecher der Reihe nach:

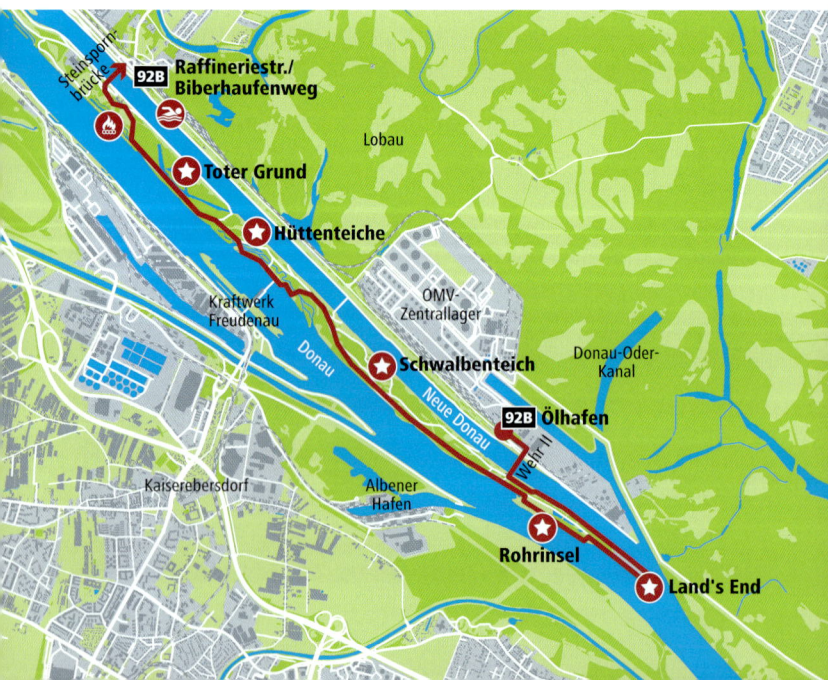

Rohrinsel: Kurz nach dem Beginn des Treppelweges geht es auf einem Böschungspfad in Richtung Ufer. Wir spazieren auf der anfangs noch steinigen, dann sandigen Insel bis zu deren Ende. Anschließend gehts wieder hinauf zum Treppelweg.

Schwalbenteich: Bei der Rad- und Wanderschenke treffen wir auf ein Schild mit »Schwalbenkolonie«. Der Teich ist rechts im Dickicht.

Hüttenteiche: Am befestigten Aussichtsplatz, kurz nach dem Kraftwerk Freudenau, rechts halten.

Toter Grund: Dieser liegt direkt am Treppelweg und nimmt die ganze Inselbreite ein. Danach (große Wiese zum Ruderzentrum) wechseln wir auf die Neue-Donau-Seite, um über die Steinspornbrücke zurück aufs Festland zu gelangen.

UFERSCHWALBEN

Diese kleinste Schwalbenart Europas zieht ihren Nachwuchs gerne in Kolonien groß. Dazu braucht sie lehmige Steilufer, um ihre Bruttröhren anzulegen. Bedingungen, die am Schwalbenteich zu finden sind. Von Mai bis September ist der Vogel dort bei seiner blitzschnellen Jagd nach Insekten dicht über den Gewässern zu beobachten.

IM FREIEN SCHNABULIEREN

15 betonerne Holzkohlengrillplätze stehen im Bereich der Donauinsel für Grillmeister-Innen zur Verfügung. Zwei davon passieren wir auf unserer Tour. Wir finden sie kurz nach dem Toten Grund auf der Wiese vor dem Ruderzentrum. Reservieren geht auf: www.wien.gv.at. Die Nutzung kostet € 10,– und Kohle ist mitzunehmen. Nach dem Überqueren der Steinspornbrücke sehen wir links eine der beiden Grillzonen. Hier ist keine Reservierung erforderlich, den Griller muss man allerdings selbst mitbringen.

Uferschwalben

Hausboote an der Neuen Donau

Kolossale Türme

Zwischen Skyscrapern und Strandhäusern – ein Weg voller Gegensätze

©AdobeStock/rh2010

In der österreichisch-ungarischen Monarchie durfte keine Kirche den Südturm des *Steffls* überragen. So blieb er jahrhundertelang das höchste Gebäude Wiens. Heute scheint es ebenfalls ein Gesetz zu geben. Ein ungeschriebenes zwar, aber kein Baumeister hat es bisher gewagt – oder keine Behörde genehmigt – dem Donauturm seinen Titel als »höchstes Bauwerk Österreichs« streitig zu machen. Doch seit 2014 kratzt ein Haus mit nur zwei Metern Unterschied verdächtig an der 252m-Marke des Wahrzeichens: der DC-Tower 1. Bei diesem Spaziergang treffen wir auf beide Bauwerke sowie auf Büro- und Wohntürme mit ebenso beachtlicher Höhe. Nach den gewaltigen Häuserschluchten tauchen wir in den grünen *Donaupark* ab, den auch schon Johannes Paul II. besucht hat. Die Papswiese ist aber nur eine der vielen Attraktionen, denn da wären noch der legendäre Donauturm, der idyllische Irissee und eine Menge blühender Gärten, die die ehemalige Mülldeponie in eine zauberhafte Landschaft verwandeln. Zum Ausklang besuchen wir noch das stille *Kaiserwasser*, umgeben von Strandhäusern unterschiedlichster Bauart.

START & ANREISE
1220 Wien, Platz-der-Vereinten-Nationen
Linie U1 › Station Kaisermühlen (VIC) (Ausgang Schüttaustraße)

WEGVERLAUF
Donau City › DC-Tower 1 › Neue Donau › Austria Center Vienna › Donauturm › Alte Donau › Kaiserwasser

TOUR
6,5km (2¼h) | RW | 80hm

Geschichte in Krone-Schlagzeilen

Ausnahmsweise nicht in die Höhe sondern vielmehr in die Länge zieht sich das Denkmal »50 Jahre Republik Österreich«. Jedes Jahr hat darauf eine Schlagzeile bekommen. Die Auswahl traf Hans Dichand, der als Herausgeber der »Krone« großen Einfluss auf die Politik dieser Epoche hatte. Das Kunstwerk befindet sich im Hof des

Denkmal »50 Jahre Republik Österreich«

Donau-City-Wohnparks, neben dem runden, dunklen Turm.

Wegbeschreibung

▌Durch den Kern der Donau City bewegst Du Dich am besten anhand unseres Plans, denn erstens mangelt es an Straßenschildern und zweitens ist dieses Großprojekt noch nicht ganz abgeschlossen. Einige Zugänge werden sich daher noch wandeln. Aber es gibt eine optimale Lösung: Orientierung anhand der Türme.

Kaum ausgestiegen aus der U1 (Ausgang Schüttaustraße), begrüßt uns auf dem Platz-der-Vereinten-Nationen zuallererst die Donaucity-Kirche. An ihr links vorbei bis zum Andromeda Tower gehen (ein ovaler, 113m hoher Büroturm). Anschließend durch den breiten Durchgang des Tech-Gate-Vienna zum DC-Tower 1 (das höchste Gebäude der Donau City). Daran vorbei und hinunter zum Copa Beach (der mit Lokalen gesäumte Strand der Neuen Donau). Nun ein Stückerl

flussaufwärts. Etwa in Höhe des Ares Towers (zwei schmale, hohe Blöcke nebeneinander) führen Stufen hinauf in den Wohnbezirk. Diesen durchquerst du laut Plan und kommst dann, zwischen Mischek- und Saturn-Tower, in den Donaupark. Der Donauturm ist hier nicht mehr zu übersehen und wartet darauf, umrundet zu werden.

Danach entlang des Irissees zurück zur Donau City, allerdings auf deren Ostseite. Am Vienna International Center vorbei (Leonard-Bernstein-Straße) und über die Wagramer Straße in die Julius-Payer-Gasse wandern. Über den Gotenweg, Fischerweg und (rechts) Fischerstrand das Kaiserwasser umrunden und durch nochmaliges Überqueren der Wagramer Straße gelangen wir zurück zur U1.

DIE STADT IN DER STADT

Auf der »Insel« zwischen Neuer und Alter Donau werden in den kommenden Jahren etwa 15.000 Menschen leben und arbeiten. Die meisten davon in der Donau City. Ein moderner Stadtteil, geprägt von Türmen und Wohnanlagen mit recht interessanten architektonischen Schmankerln. Für die »Stadt in der Stadt« ist der Autoverkehr tabu, den hat man von Anfang an in den Untergrund verbannt. Dafür gibt es breite Fußgängerpromenaden, eine gute öffentliche Anbindung und eine noch nicht optimale, aber sich verbessernde Nahversorgung. Rundherum mangelt es nicht an Erholungsflächen wie dem Donaupark und den Donaustränden. Ob sich die in diesem jungen Experiment lebenden Menschen wohlfühlen, wird die nähere Zukunft zeigen. Die »moderne« Donau City hat natürlich eine ebensolche Kirche, geplant von Heinz Tesar. Ihre Verkleidung ist aus dunklem Chromstahl, das Innenleben zeigt sich allerdings überraschend hell.

Donau City

Kaiserwasser

OB WILD
ODER URBAN

Der leichtgewichtige Begleiter
aus 100 % Bio-Baumwolle ist als
Bade-Hand-Hamam-Wickel-
Liege-Yoga-Picknick-Halstuch
immer dabei.
In 33 Farben und zwei Größen
erhältlich. **www.lestoff.eu.**

LeStoff
...the smarter towel

GLOBAL ORGANIC TEXTILE STANDARD · GOTS ·

TOUR 21

Dichte Details

Gemütlich durch Gassen flanieren, um auf versteckte Denkmäler zu stoßen

©AdobeStock/mrs geek x

Mitten in den dicht bebauten, gürtelnahen Vierteln des 9. und des 18. Bezirks gibt es zahlreiche Details zu entdecken, seien es nun historische Bauwerke, versteckte Durchgänge oder interessante Grätzl. Wir stoßen hier auf Plätze, die ansonsten kaum bewusst wahrgenommen werden. Aber auch berühmte Schauplätze – wie zum Beispiel die Strudlhofstiege, die 1951 in einem Roman von Heimito von Doderer eine Hauptrolle spielt – kreativen Kulturstätten, erholsame Parkanlagen und gleich zwei jüdische Friedhöfe – der Friedhof Roßau und der Friedhof am Währinger Park – liegen auf unserer Tour.

Gürtel im Wandel

Heute ist es kaum vorstellbar, aber die Gürtelstraße war einst eine durchaus beliebte und attraktive Wohngegend. Erst durch die Massenmotorisierung stieg das Verkehrsaufkommen derart an, dass der Gürtel nun die meistbefahrene Landesstraße Österreichs ist. In den 1970ern war die Sehnsucht nach einer autogerechten Stadt so hoch, dass man eine – in Hochlage geführte – Stadtautobahn entlang des gesamten Gürtels an-

START & ANREISE
1090 Wien, Julius-Tandler-Platz
Linien S40, D, 5, 33 › Franz-Josefs-Bahnhof (Haltestelle am Ausgangspunkt)

WEGVERLAUF
Franz-Josefs-Bahnhof › Gürtel › Währinger Park › Kutschkermarkt › Volksoper › Arne-Karlsson-Park › Narrenturm › Roßau

TOUR
6,5km (2½h) | SW | 140hm

dachte. Glücklicherweise siegte jedoch rechtzeitig die Vernunft. Dennoch hat sich im Laufe der Zeit das Erscheinungsbild des Gürtels verändert: Die Stadtbahn wurde zur U6, die Straßenbahn 8 – trotz großer Proteste – eingestellt und dank EU-Förderungen entwickelte sich in den Bögen der ehemaligen Stadtbahn eine lebendige Lokalszene.

Jüdischer Friedhof Währing

Wegbeschreibung

▌Kurz die Alserbachstraße ostwärts entlang, dann links durch die Grundlgasse zum Spittelauer Platz, dort rechts in die Nordbergstraße einbiegen. Auf Höhe der Tepserngasse links via Stiege oder Aufzug die Überplattung der Franz-Josefs-Bahn queren und geradeaus der Althanstraße folgen. Danach über Newaldgasse, Vereinsstiege und Pulverturmgasse zur Sobieskigasse und nach rechts zum Gürtel wandern. Diesen überqueren.

Anschließend durch die – zwischen Remise und Friedhof eingezwängte – Schrottenbachgasse flanieren, dann links in die Semperstraße einbiegen und zur Gentzgasse gehen. Dieser nach rechts folgen und bei Nummer 21 durch das Durchhaus schlupfen.

Weiter gehts rechts zum Kutschermarkt, hier hinauf und durch die Schulgasse zum Gürtel, um diesen erneut zu überqueren. Am inneren Gürtel finden wir die von Otto Wagner

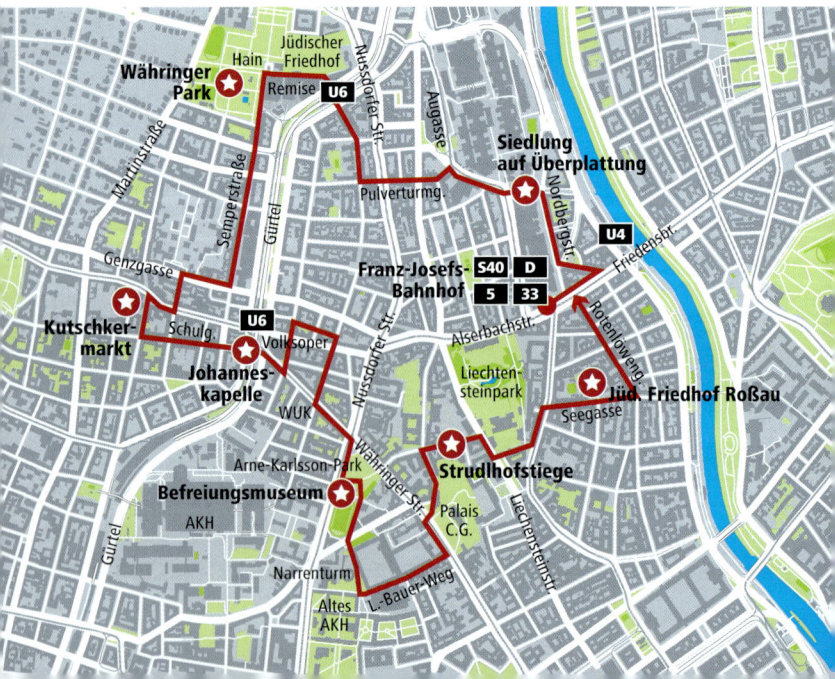

geplante St. Johannes-Nepomuk-Kapelle. Nun hinter der Volksoper links durch die Lustkandlgasse und anschließend rechts dem Bertha-Löwi-Weg zwischen Häusern hindurch folgen. Diese Schneise war übrigens einst das Bett des Währinger Baches. Jetzt nach rechts in die Wilhelm-Exner-Gasse zum WUK (Kulturzentrum), danach links die Währinger Straße begehen. Nun den Arne-Karlsson-Park (Befreiungsmuseum Wien) queren und den Fußweg links vom Sportplatz entlang flanieren. Bei der Sensengasse die Rampe hinauf, am Narrenturm vorbei, danach links in den Leopold-Bauer-Weg wandern. Anschließend links in die Währinger Straße und beim Auer-von-Welsbach-Denkmal nach rechts in die Boltzmanngasse hinein. Einmal gehts noch nach rechts in die Strudlhofgasse, um die Treppen der berühmten Stiege hinunterzusteigen.

Zurück zum Ausgangspunkt gelangen wir über folgende Gassen: Liechtensteinstraße (rechts), Fürstengasse, Porzellangasse (links), Seegasse (Nr. 9, jüd. Friedhof Roßau, Mo- Fr. 7:00-15:00) und Rotenlöwengasse.

VERBORGENE FRIEDHÖFE

Aus hygienischen Gründen durften ab 1783 innerhalb des Linienwalls keine Beerdigungen mehr durchgeführt werden. Im Gegensatz zu anderen innerstädtischen Grabstätten wurde der Friedhof Roßau allerdings nicht aufgelöst, da dies der jüdischen Tradition widersprochen hätte. So gilt diese Ruhestätte als der älteste erhaltene Friedhof Wiens. Jüdische Bestattungen fanden, nach dem Linienwall-Verbot, bis zum Ende des 19. Jahrhunderts am Friedhof Währing statt. Beide Ruhestätten wurden in der NS-Zeit teilweise zerstört und sind heute noch in einem üblen Zustand. Nach jahrelanger Finanzierungsdiskussion konnten mittlerweile einige Gräber restauriert werden.

Beim Währinger Park gibt es nicht nur den jüdischen Friedhof, sondern auch einen Denkmalhain mit 58 Grabsteinen. Unter dem Skatepark im Arne-Karlsson-Park befindet sich das sehenswerte Befreiungsmuseum Wien: www.befreiungsmuseumwien.at.

Arne-Karlsson-Park

Reformierte Viertel

**Entwicklungsgebiete erkunden
und der Stadt beim Wachsen zuschauen**

©AdobeStock/Anita Pravits

Bei neuen Stadtentwicklungsgebieten denken wir meist an Siedlungen jenseits der Donau – irgendwo am Stadtrand. Dabei gibt es auch im innerstädtischen Raum viele Areale, die zur Zeit einer enormen Veränderung unterworfen sind. Jenen Zonen begegnen wie auf dieser Tour. Etwa dem, auf einer U-Bahn-Überplattung liegendem Büroviertel *TownTown*. Oder dem modernen Medienviertel *Neu Marx*, auf den Gründen eines alten Schlachthofs gelegen. Und natürlich das Areal rund um den Hauptbahnhof Wien: *Quartier Belvedere* und *Sonnwendviertel*. Dazwischen verstecken sich Überbleibsel aus der Vergangenheit, wie etwa die *Stadtwildnis* am Donauprallhang mit Überresten des Linienwalls oder das 1883 geschaffe *Stiertor*: ein Relikt aus der Zeit des ehemaligen Wiener Schlachthofs und Viehmarkts.

Aus vier Himmelsrichtungen

Wien Südbahnhof – diese Bezeichnung ist heute Geschichte. Der ehemals größte Bahnhof Österreichs wurde Ende 2009 abgerissen. In den letzten Jahren entstand an seinem Standort (Gürtel, Ecke Arsenalstraße)

START & ANREISE
1030 Wien, Kardinal-Nagl-Platz
Linien U3, 77A › Kardinal-Nagl-Platz
(Haltestelle am Ausgangspunkt)

WEGVERLAUF
Kardinal-Nagl-Platz › TownTown ›
Stadtwildnis › Neu Marx › Eurogate ›
Schweizer Garten › Sonnwendviertel

TOUR
5,2km (1¼h) | SW | 120hm

das Büro- und Wohnviertel *Quartier Belvedere*. Die Geschichte des *Südbahnhofs* reicht bis ins Jahr 1841 zurück: Damals wurde der Gloggnitzer Bahnhof für die Südbahn und bald darauf der Raaber Bahnhof für die Ostbahn eröffnet. In den 1950ern erhielten die Bahnhöfe zwar ein gemeinsames Gebäude, dennoch blieben es zwei Kopfbahnhöfe, an denen

Quartier Belvedere

Züge wenden mussten. Als Ersatz dient der seit 2015 in Vollbetrieb stehende Hauptbahnhof: Er ermöglicht den Zügen die Durchfahrt aus allen vier Himmelsrichtungen.

Wegbeschreibung

▌ Zunächst stadtauswärts der Hainburger Straße folgen. Beim Fiakerplatz (Bockpark) links und die Treppen zur Erdbergstraße hinuntersteigen. In diese rechts einbiegen, überqueren und nach einigen Metern die Fruethstraße neh-

men. An deren Ende die Schlachthausgasse überqueren und am Fußweg Richtung *Triiiple Turm* wandern. Kurz davor rechts in die Schnirchgasse und weiter in die Würtzlerstraße flanieren. (Dort befindet sich linker Hand eine breite Stiege, die in die *TownTown* hinaufführt, für alle die den Businesspark erkunden wollen.) Wir unterqueren die Baumgasse, der wir nach rechts bis zur Maiselgasse folgen. Hier befindet sich linker Hand der Eingang in die *Gstettn* (Stadtwild-

nis). Diese auf mehr oder weniger geradem Weg durchqueren, bis du auf die Henneberggasse stößt. Sie bringt uns zum *Stier-Tor* von *Neu Marx*. Wir gehen über die Helmut-Qualtinger-Gasse zum Rennweg. Diesen überqueren und durch die Grasbergergasse zum Kreisverkehr wandern. Wir treten rechts in die Leberstraße ein, überqueren die Landstraßer Hauptstraße und gelangen so in die Otto-Preminger-Straße *(Eurogate)*. Nun geradeaus die Rubin-Bittmann-Promenade nehmen. Am Leon-Zelman-Park (Aspangbahnhof-Memorial) nach links in die Adolf-Blamauer-Gasse flanieren und anschließend unter dem Gürtel hindurchschlüpfen. Nun befinden wir uns in der Ghegastraße und wandern bis zum Portal des Heeresgeschichtlichen Museums. Dann nach rechts in den Schweizer Garten biegen und an der Kreuzung mit der Schweizer-Garten-Straße in diese links eintreten. Wir überqueren die Arsenalstraße, um durch Canettistraße und Gerhard-Bronner-Straße zum Hauptbahnhof zu gelangen. Südlich des Eingangs beginnt das *Sonnwendviertel*, in dem es ebenfalls eine Menge neuer Häuser zu entdecken gibt.

WIEN WÄCHST

Seit 2013 ist Wien die zweitgrößte Stadt im deutschsprachigen Raum – nur Berlin liegt weiter vorne. Im Jahr 2027 könnte die Einwohnerzahl laut Schätzungen die 2-Millionen-Marke überschreiten. Wo sollen die zusätzlichen Menschen leben? Zum Beispiel in den neuen Stadtentwicklungsgebieten. Solche entstehen einerseits in Stadtrandlagen – wie zum Beispiel die *Seestadt Aspern* – andererseits auch in Innenbezirken. Möglich wird das durch die ehemals riesigen Bahnhofsareale, die in dieser Form nicht mehr benötigt werden und neuen Nutzungen weichen. So entstehen nicht nur neue Infrastrukturen, sondern auch gut begehbare Verbindungen zwischen ehemals durch Bahnanlagen (Nord-, Nordwest-, Süd-, Ost oder Aspangbahnhof) getrennten Bezirksteilen.

Auf dem Eurogate entstand die größte Passivhaussiedlung Europas, um den ökologischen Fußabdruck der BewohnerInnen klein zu halten. ▼

©jme

Eurogate

Entlegene Idylle

Grünland durchstreifen und die Stille des Gütenbachtals genießen

Das Gütenbachtal ist einer dieser Orte, bei denen es schwer vorstellbar ist, dass sie noch zur Stadt Wien gehören. Nur ab und zu treffen wir auf ein Häuschen inmitten dieser von Wiesen und Wäldern dominierten Landschaft, durch die sich ansonsten nur noch der kleine Gütenbach und eine schmale Straße schlängeln. Und gerade das macht diesen Ort so idyllisch. Begangen wird dieses Tal meist nur, um zum *Gütenbachtor*, das in den Lainzer Tiergarten führt, zu kommen. Diesmal gehts aber in die entgegengesetzte Richtung: Noch entlegener, noch weniger bewandert! Und zwar entlang der *weißen Wassersteine* der 2. Wiener Hochquellenleitung, anschließend vorbei am Gipfel eines kleinen Berges, dann über die riesige Eichwiese und einen Waldweg nach Breitenfurt-Ostende. Der Liesingbach führt uns anschließend zurück in den verträumten Ortskern von Kalksburg.

Das stille Gütenbachtal

Nach dem für das Tal namensgebenden Gütenbach sind auch ein Tor des Lainzer Tiergartens, eine Wiese und die durchführende Straße benannt. Der kleine Bach entspringt innerhalb

START & ANREISE
1230 Wien, Kalksburger Kirchenplatz
Linien 253, 254 (ab Liesing) › Kalksburger Kirchenplatz

WEGVERLAUF
Kalksburger Kirchenplatz › Gütenbachtal, Jägerwiese › Wasserleitung › Breitenfurt-Ostende › Kalksburger Kirchenplatz

TOUR
8km (2¾h) | RW | 190hm

des Tiergartens, mäandriert danach durch das Tal und mündet schließlich in die Reiche Liesing. So beschaulich der dahinplätschernde Bach zumeist auch wirkt, vervielfacht sich seine Wassermenge bei einem Hochwasser schnell einmal um das Dreitausendfache. Das Gütenbachtal ist auch durch zoologisch und botanisch sehr interessante Wiesen geprägt. Vor al-

Gütenbachtal

lem auf der Eichwiese, die zu den abwechslungsreichsten Grünflächen Wiens gehört, lassen sich viele seltene Tier- und Pflanzenarten entdecken, zum Beispiel der *Wachtelkönig* – ein vom Aussterben bedrohter Zugvogel.

Im Gütenbachtal finden wir auch den letzten Bauernhof Liesings. Ein buntes, handgemaltes Schild »Naturprodukte frisch vom Bauern« weist uns den Weg zu dem kleinen Hof.

Wegbeschreibung

Vom Kalksburger Kirchenplatz aus, zunächst ein Stück die Breitenfurter Straße stadtauswärts entlanggehen, kurz darauf rechts in die Gütenbachstraße einbiegen. Nach etwa 1½ km siehst Du rechts von Dir die Jägerwiese sowie die Mauer des Lainzer Tiergartens. In der gedachten Verlängerung der Mauer zweigt nach links unser Fußweg ab. Nachdem wir eine kleine Brücke passiert haben, stoßen wir auf weiße Markierungssteine, die den

Verlauf der 2. Wiener Hochquellenleitung kennzeichnen. Diesen folgen, bis Du im Wald auf ein Wasserleitungs-Wartungsbauwerk stößt. Nun den linken Waldweg nehmen und in einem großen Bogen um einen Hügel wandern, bis die Eichwiese erreicht ist. Etwa in der Mitte davon befindet sich ein Wegweiser (Stadtwanderweg 6), dem Du in rechter Richtung folgst, um auf die Hauptstraße in Breitenfurt zu gelangen. Du überquerst sie, folgst ihr ein kleines Stück nach links, bis rechts die Grenzgasse abzweigt. An deren Ende in die Zangerlestraße biegen und an Sportplatz sowie Schubertpark vorbeiwandern. Anschließend der Liesing folgen, bis zum Brückerl am *Kollegium Kalksburg*. Hier beginnt die Mackgasse (links), die zurück zum Ausgangspunkt führt.

KLEIN »OXFORD« OHNE BURG

Kalksburg – bis 1938 eine eigenständige Gemeinde – ist heute Teil des 23. Bezirks von Wien. Eine Burg sucht man hier allerdings vergebens, denn diese wurde bereits im Jahr 1463 von Wiener Bürgern zerstört. Markant für das Ortsbild ist die Pfarrkirche »Zum hl. Petrus in Ketten«, die der Hofjuwelier Franz Edler von Mack um das Jahr 1800 erbauen ließ. An ihn erinnert auch die Mackgasse, die von der Kirche zum *Kollegium Kalksburg* führt. Gegründet wurde diese Privatschule 1856 von den Jesuiten und vom Volksmund als das »Oxford der Monarchie« bezeichnet. Bekannt ist Kalksburg auch für das Anton Proksch Institut, Europas größte Suchtklinik, in der nicht nur stoffgebundene Abhängigkeiten, sondern auch Spiel-, Internet- und Kaufsuchte behandelt werden.

Dieser seltene Vogel, der weltweit als bedroht gilt, heißt Wachtelkönig und ist mit etwas Glück rund um die schöne Eichwiese im Gütenbachtal zu finden! ▼

Weiße Markierungssteine

©jne

Wachtelkönig

©AdobeStock/Erni

Urbane Wandlung

Entlang der neuen 26er-Verlängerung die Zwischenstadt erleben

Im Gegensatz zu anderen Städten Europas kam es in Wien in den letzten Jahren nicht sehr oft vor, dass eine neue, längere Straßenbahnstrecke gebaut wurde. Ende 2013 war es aber endlich wieder so weit: Der 26er wurde vom Kagraner Platz zur Hausfeldstraße verlängert. Grund genug, die Gegend rundherum auch zu Fuß zu erkunden! Quer durch die Donaustadt – von Kagran nach Hirschstetten – gibt es viel zu entdecken: Schrullige Kleingartensiedlungen und artenreiche Biotope, riesige Gewerbeparks und hübsche Blumengärten, einen naturnahen Badeteich und Wohnhausanlagenbau aus mehreren Jahrzehnten. Kurz zusammengefasst: Wir flanieren durch eine typische *Zwischenstadt* voller Kontraste.

Wachstum ohne Struktur

Das winzige Stationsgebäude der Dampftramway, heute Teil des Bezirksmuseums, erinnert daran: Schon früher fuhr eine Straßenbahn über den Kagraner Platz. Es war die Linie 317, die weiter über Hirschstetten nach Aspern bis Groß-Enzersdorf führte und zumeist nur eingleisig entlang des Straßenrandes verlief. Zwischen den

START & ANREISE
1220 Wien, Wagramer Straße 150
Linien U1, 26, 22A, 24A, 31A › Kagraner Platz (Haltestelle am Ausgangspunkt)

WEGVERLAUF
Kagraner Platz › Gewerbepark Stadlau › Oberfeld › Badeteich/Blumengärten Hirschstetten › Hausfeldstraße

TOUR
6,5km (2¼h) | SW | 90hm

Dörfern lagen damals hauptsächlich Felder. Als die Straßenbahn 317 als Hindernis für den Autoverkehr empfunden wurde, stellte man sie 1970 ein. Die dörflichen Strukturen gibt es bis heute, dazwischen liegt aber kein durchgängiges Agrarland mehr, sondern es sind vereinzelt Siedlungen und Gewerbeparks gewachsen, ohne eine erkennbare Ordnung preiszuge-

Badeteich Hirschstetten

ben. Der Architekt Thomas Sieverts hat dafür den Begriff *Zwischenstadt* erfunden.

Wegbeschreibung

▌Zu Beginn den lang gestreckten Kagraner Platz entlangspazieren, auf dem ein Stationsgebäude der früheren Dampftramway (Bezirksmuseum) steht. Dann gehts geradeaus weiter durch die Forstnergasse. Anschließend dem Weg, der rechts neben der Straßenbahntrasse verläuft, bis zur Pogrelzstraße folgen, in diese nach rechts einbiegen und entlangschlendern, bis Du auf die Hirschstettner Straße triffst. Auf dieser bewegen wir uns in linker Richtung weiter. Nach der Unterführung erneut nach links durch die Marietta-Blau-Gasse gehen (entlang der Bahn). Bei der ersten Abzweigung nach rechts in die Hilde-Hannak-Gasse biegen und anschließend bei der Kreuzung in die Gewerbeparkstraße eintreten. Auf dieser den Gewerbepark Stadlau durchqueren

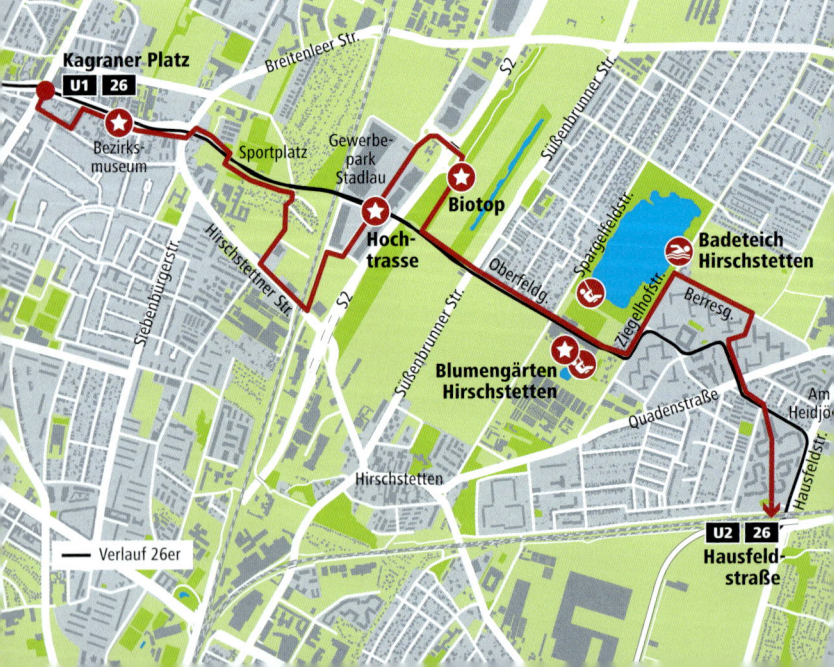

(vorbei an der 26er-Station, die im Linksverkehr bedient wird), bis wir an dessen Ende auf einen Kreisverkehr (nach einer Tankstelle) stoßen. Hier nun nach rechts abzweigen und die S2 überqueren. Nach einem kurzen Stück entlang der Schnellstraßenzufahrt zweigt nach links ein Fußweg zu einem Biotop ab. Bei diesem den rechten Weg einschlagen und dem Pfad folgen, bis wir wieder auf den 26er stoßen. Nun die Gleise links entlang, erst am Feldweg, dann durch die Oberfeldgasse. Am Ende der Blumengärten links in die Ziegelhofstraße in Richtung Badeteich Hirschstetten spazieren. Nun rechts in die Berres-, dann Pirquet- und Zanggasse sowie Am Heidjöchl. Bei der Hasibederstraße diagonal durch die Siedlung zur Endstation Hausfeldstraße.

LINKSVERKEHR IN WIEN

Die 26er-Verlängerung weist beim genauen Hinsehen einige Besonderheiten auf: Auf einer Hochtrasse überquert sie den Gewerbepark Stadlau, und zwar im Linksverkehr! Da es nur auf der rechten Wagenseite Türen gibt, hätte man für die Station Gewerbepark zwei Bahnsteige benötigt, doch durch den Linksverkehr genügt ein Mittelbahnsteig. Auch weniger Lifte mussten dadurch eingebaut werden. Insgesamt war die Stadtplanung darum bemüht, durch eigene Gleiskörper ein schnelles Vorankommen zu ermöglichen und mit Rasengleisen das Stadtbild zu verschönern. In französischen Städten hat man diesbezüglich schon Routine. Dort haben die dutzenden neuen Tramstrecken in den letzten Jahren ganze Straßenzüge gestalterisch massiv aufgewertet.

In den sehenswerten Blumengärten Hirschstetten findest Du unter anderem den Indischen, den Schildkröten- und den Urzeit-Garten sowie zoologische Einrichtungen. ▼

26er-Endstation Hausfeldstraße

Blumengärten Hirschstetten

Vielfältige Facetten

**Der denkmalgeschützten
Vorortelinie folgen**

©AdobeStock/Stockgalp

Wandern entlang einer echten Bergbahn mitten im Stadtgebiet? So absurd das klingen mag, in Wien geht das. Denn die von Otto Wagner gestaltete Vorortelinie (S45) zählt aufgrund ihrer Streckenführung zu den Gebirgsbahnen. 29 Brücken, fünf Viadukte, vier Tunnel und etliche Stützmauern mussten errichtet werden, um die schwierigen Geländeverhältnisse der westlichen Außenbezirke Wiens befahrbar zu machen.

Ebenso abwechslungsreich wie die Bahnstrecke ist auch der Weg entlang davon. Wir entdecken die Vielfalt der alten Vororte, begehen die Ausläufer des Wienerwaldes, finden etliche Bahnbauten im Stil der freien Renaissance und begegnen dem ältesten, dauernd bespielten Kino der Welt – den *Breitenseer Lichtspielen*. Sogar einen kleinen Wasserfall gibts entlang dieser Wiener-Gebirgsbahn: im *Alpinum* des Türkenschanzparks.

Wachstum der Vororte

Die zahlreichen Dörfer und Kleinstädte außerhalb des Wiener Linienwalls wurden als Vororte bezeichnet. Gersthof zählte etwa genauso zu ih-

START & ANREISE
1190 Wien, Bahnhof Heiligenstadt
Linien U4, S40, S45, 5B, 10A, 11A, 38A, 39A, 400 › Heiligenstadt

WEGVERLAUF
Heiligenstadt › Wertheimsteinpark › Türkenschanzpark › Gersthof › Hernals › Ottakring › Breitensee › Penzing

TOUR
9,8km (3½h) | SW | 190hm

nen, wie Hernals und Breitensee. An ihren Grenzen standen sogenannte Linienämter, an denen für Einfuhren in die *Stadt Wien* eine Verzehrungssteuer auf Lebensmittel eingehoben wurde. Ein Vorgängermodell der späteren Umsatzsteuer. Die Lebenserhaltungskosten waren daher in den Vororten deutlich billiger als im Stadtgebiet, und sie zogen zur Zeit der Industria-

Station Gersthof

©Loris

lisierung massenhaft Arbeiter- und Gewerbetreibende an. Manche Ortsteile waren mit der Zeit dichter besiedelt als der Stadtkern. So wurde in den 1890er-Jahren die Eingemeindung vieler Vororte beschlossen und deren Umwandlung in Wiener Bezirke durchgeführt.

Wegbeschreibung

▌ Über Bosch-, Gunold- und Heiligenstädter Straße zum Wertheimsteinpark gehen. In diesem den Weg neben der Bahn nehmen. Über eine Stiege gelangst Du wieder hinaus, überquerst die Döblinger Hauptstraße und folgst dem Max-Patat-Weg. Danach Silbergasse und Billrothstraße queren und durch den kurvigen Park zur Krottenbachstraße spazieren.

Hier zuerst nach rechts, dann an der Bahnstation die Treppe hinauf und durch Blaas-, Hartäcker- und Dänenstraße zum Türkenschanzpark gehen. Diesen in Richtung Meierei queren

(hier sehen wir die Vorortelinie zwischen zwei Tunneln fahren) und beim Askin-Denkmal verlassen, um auf die Hasenauerstraße zu kommen. Hier nach rechts, um anschließend links in die Severin-Schreiber-Gasse einzubiegen. Nun die Bäckenbrünnlgasse hinunter, um die Bahn zu unterqueren und die Simonygasse zu begehen. Am Ende davon über die Kreuzgassenbrücke, und dann nach links durch Gersthofer Straße und Lazargasse zum Friedhof Hernals.

Entlang der Vorortelinie durch diesen hindurch, um via Unterführung in die Dittersdorfgasse zu kommen. Bei der Station Hernals in die Julius-Meinl-Gasse biegen, über die Brücke (Seeböckgasse) und danach durch Heigerleinstraße und Weinheimergasse nach Ottakring wandern. Nun durch die Paltaufgasse, über die Spetterbrücke und durch Huttengasse, Steinbruch-, Kendler- und Breitenseer Straße, Marno-, Spallart- und Hägelingasse zur Station Breitensee. Zu guter Letzt noch durch Zatzka-Park, Amortgasse, Linzer Straße und Diesterweggasse zur Station Penzing flanieren.

DIE VORORTELINIE

Die Vorortelinie führt von Hütteldorf nach Heiligenstadt und wurde im Jahr 1898 als Teil des Wiener Stadtbahnnetzes eröffnet. Im Gegensatz zu den Linien am Gürtel sowie im Wiental und am Donaukanal, wo heute U6 und U4 verkehren, ging der Betrieb aber nie an die Gemeinde Wien über. 1932 fuhren die vorerst letzten regulären Personenzüge auf der Vorortelinie, danach gab es nur noch einzelne Güterzüge, und die Anlage verfiel zunehmend. 1987 wurde die Strecke aus ihrem Dörnröschenschlaf geweckt, um sie ins S-Bahn-Netz der Stadt aufzunehmen. Die alten Stationsgebäude (Ottakring, Hernals, Gersthof) wurden aufwendig restauriert, die zum Teil schon vollständig abgetragenen Haltestellen neu errichtet. Nur zwei Stationen existieren leider nicht mehr: Baumgarten und Unterdöbling.

Unsere Tour führt auch an den Breitenseer Lichtspielen vorbei, dem ältesten, dauernd bespielten Kino der Welt. ▼

Breitenseer Lichtspiele

BEWEGTE APOTHEKE
– FREUDE AN BEWEGUNG

GEHEN SIE MIT UNS ...

GRATIS ANGEBOT

...gemeinsam in der Gruppe unter
Anleitung von BewegungstrainerInnen.
Ein kostenloses Nordic Walking Angebot
der Wiener Gesundheitsförderung
in Kooperation mit Wiener Apotheken.

www.wig.or.at/bewegteapotheke

WiG WIENER GESUNDHEITSFÖRDERUNG

Für die
Stadt Wien

Abgeschiedene Flur

Dort flanieren, wo Fuchs und Hase sich »Gute Nacht« sagen

©Loris

Wer kennt schon Süßenbrunn, diesen kleinen Zipfel im Nordosten der Donaustadt? Ein paar eingefleischte Weinbeißer vielleicht, die den dortigen Rebensaft recht schätzen, aber sonst wohl kaum wer. Dabei sind der malerische Ortskern, das liebliche Schloss Süßenbrunn, die fruchtbaren Weingärten, der famose Badeteich und nicht zuletzt die dörfliche Struktur des Areals durchaus eine echte Horizonterweiterung. Kennzeichnend für Süßenbrunn sind auch die ins Marchfeld eingebetteten Gemüse- und Obstgärten, die gleichzeitig für einen großzügigen Weitblick sorgen. Diese Tour führt uns genau an diese Plätze, die ansonsten ein so schändliches Schattendasein fristen.

Sollten auf eurer Wanderung plötzlich Schüsse gellen, werft euch nicht zu Boden, die Gegend ist kein umkämpftes Grenzgebiet zu Niederösterreich. Die Knallerei rührt vom Schießsportzentrum her. Hier wird sogar noch mit Vorderladern und anderen antiken Waffen hantiert. Achtung: Falls sich euch ein weißes Flugobjekt nähert, Kopf einziehen, es könnte ein verirrter Golfball sein!

START & ANREISE
1220 Wien, Bettelheimstraße 32-34
Linien S1, 511 › Süßenbrunn
(Haltestelle am Ausgangspunkt)
WEGVERLAUF
Gerasdorf › Weingartenallee › Schloss Süßenbrunn › Süßenbrunner Platz › Badeteich Süßenbrunn › Gewerbegebiet
TOUR
7.5km (2¼h) | RW | 80hm

Ein Dorf in Wien

Woher der Name Süßenbrunn genau stammt, ist nicht restlos geklärt. Die wahrscheinlichste Theorie ist, dass er sich aus dem alten Herrschaftsnamen *Prunn von Dietrich* und dem Familiennamen des Schlosserrichters *Urban Sueß* zusammensetzt. Der Kern des Süßenbrunner Schlosses stammt aus dem 16. Jahrhundert, die Fassade und

Weingartenallee

die Innenräume wurden jedoch um 1850 umgebaut. Heute befindet sich hinter dessen Mauern die Ludwig Reiter Schuhmanufaktur. Bis 1938 war Süßenbrunn eine eigenständige Gemeinde, in der die dörfliche Stimmung zwar noch spürbar ist, aber etwas vom regen Durchzugsverkehr gestört wird. In Süßenbrunn befindet sich übrigens eine der letzten beiden verbliebenen freiwilligen Feuerwehren Wiens, die zweite steht einsatzbereit in Breitenlee.

Wegbeschreibung

Am Bahnhofsausgang nach rechts spazieren, um die Nordbahn zu unterqueren. Anschließend der Bettelheimstraße folgen und erneut durch eine Unterführung (Laaer Ostbahn) schlupfen. Nun rechts abbiegen, sodass wir über den Klenkweg (entlang der Gleise) die Station Gerasdorf erreichen. Nach dem Bahnübergang dem Elfingerweg und dessen Verlängerung (Feldweg) folgen, bis wir an eine Wegkreuzung kommen. Hier nach

rechts abbiegen und durch die Unterführung gehen. Über die zwischen Feldern und Golfplätzen verlaufende Weingartenallee erreichst Du den alten Ortskern mit Schloss. Bei der Süßenbrunner Hauptstraße gehts links zum Süßenbrunner Platz, von dort nach rechts in den Ort spazieren und erneut rechts (Alte Straße) zum Badeteich. Anschließend weiter zur Wagramer Straße flanieren und diese ein kurzes Stück nach links entlanggehen. Bei der Schmalbachstraße rechts in das Gewerbegebiet hineinspazieren und anschließend links in die Viktor-Kaplan-Straße einbiegen. Nun über die Nordostbahnstraße und Resselgasse zurück ins Stadtgebiet wandern. Anschließend Landau-, Basch- und Pröpstlgasse nehmen, um wieder zur Bahnstation Süßenbrunn zu gelangen.

NÜTZLICHE MARILLE

Trotz seiner Stellung als *Kornkammer Österreichs* ist das Marchfeld nicht nur mit diversen Getreidesorten bebaut, sondern auch Obst und Gemüse wachsen in dieser größten Ebene Österreichs. In den letzten Jahren hat vor allem die saftige Marille einen Aufschwung erlebt. Denn obwohl fruchtbar, ist das Marchfeld das trockenste Gebiet unseres Landes. Dem sinkenden Grundwasserspiegel wurde zwar mit dem Marchfeldkanal begegnet und der Verödung durch Windabtrag mit Windschutzstreifen. Der Marillenbaum hat jedoch die besondere Fähigkeit, Staub festzuhalten und leistet damit heute seinen Beitrag, das Marchfeld zu erhalten. Das wussten auch schon die Osmanen, die die Marille hierher brachten. Sie begegneten im 14. Jahrhundert mit Marillenplantagen der schon damals drohenden Versteppung des Marchfelds.

Wer ein naturbelassenes Badevergnügen in guter Wasserqualität sucht, dem sei der Badeteich Süßenbrunn ans Herz gelegt.

Schuhmanufaktur im Schloss

Feldweg

Gemischter Satz

Ein erquickender Ausflug in Wiens Weinberge

Wer den Wein liebt, der wird mit dieser Tour Freude haben. Er führt uns durch die traditionellen Weinbaugebiete des 18. und des 19. Bezirks, mit ihren sanften Hügeln, Weingärten und Rieden: Salmannsdorf, Neustift am Walde und Pötzleinsdorf. Anders als in Grinzing sind diese Hochburgen der Heurigenkultur weniger von TouristInnen besucht. Hier trinkt der Wiener sein Vierterl, oder halt mehr.

Unser Ausflug bietet aber nicht nur bacchantische Genüsse, sondern führt uns zudem durch schattige Villenviertel, vorbei an Schlössern und der *Neustifter Reblaus*, einem Denkmal für den saugenden Schädling, dem Hans Moser ein Lied gewidmet hat. Sein Ende findet unser gemütlicher Spaziergang im idyllischen Pötzleinsdorfer Schlosspark mit seinen uralten Bäumen, lauschigen Teichen und dem namengebenden Schloss, das heute als Schule genützt wird. Vergiss nicht, ein paar Nüsse für die allgegenwärtigen Eichhörnchen mitzubringen! Wer möchte, kann unsere Tour auch umgekehrt gehen, um sie in einem der vielen Heurigenlokale zu beenden. Ausg'steckt ist hier das ganze Jahr!

START & ANREISE
1190 Wien, Hameaustraße 31
Linie 35A › Salmannsdorf
(Haltestelle am Ausgangspunkt)

WEGVERLAUF
Salmannsdorf › Mitterberg ›
Neustift am Walde › Pötzleinsdorf ›
Pötzleinsdorfer Schlosspark

TOUR
3,7km (1¼h) | SW | 70hm

Schloss, Schlössel & Villen

In Pötzleinsdorf findet man nicht nur, wie der Name des Parks verrät, ein Schloss, sondern auch ein kleineres *Schlössel*. Das Schloss gibt es seit dem 13. Jahrhundert, und es wurde 1797 vom Bankhausbesitzer Geymüller erworben. Die Bank ging 1841 jedoch in Konkurs, das Schloss verfiel und wurde erst Mitte des 20. Jahr-

Geymüllerschlössel

hunderts renoviert. Heute beherbergt es die Rudolf-Steiner-Schule und ist vom Park getrennt. Das *Schlössel* hingegen ließ Geymüllers Bruder erbauen. Es heißt auch heute noch *Geymüllerschlössel* und wird vom MAK als Außenstelle genutzt. In Pötzleinsdorf gibt es auch zahlreiche Villen zu bestaunen. Gerüchten zufolge soll eine davon bis 2013 für Spionagezwecke des US-Geheimdienstes benutzt worden sein (Pötzleinsdorfer Straße 126-128).

Wegbeschreibung

❚ Ein paar Meter außerhalb der Busschleife zweigt von der Hameaustraße der steile Sulzweg ab, über den wir den alten Ortskern von Salmannsdorf erreichen. Die Salmannsdorfer Straße rechts nehmen (bald darauf wird sie zur Mitterwurzergasse) und durch die Weinberge flanieren. Bei der Reblaus-Skulptur rechts das Fuhrgassel hinunter nach Neustift am Walde gehen. Anschließend den gleichnamigen Straßenzug hinaufspazieren. Nach

kurzer Zeit verläuft auf dessen rechter Seite parallel ein Fußweg durch eine Allee. Dieser ist der unsere. Oben angelangt, gehts weiter über die Khevenhüllerstraße. Bei der nächsten Möglichkeit links die Büdingergasse hinein und danach sofort rechts zum Pötzleinsdorfer Friedhof und am Mautnerweg die Stiege zur Pötzleinsdorfer Straße hinuntersteigen.

Diese nun in rechter Richtung nehmen, am Geymüllerschlössel und der Ägydiuskirche vorbei, bis wir links durch ein Tor den Pötzleinsdorfer Schlosspark betreten können (8:00 bis Einbruch der Dunkelheit). Zum Abschluss linkshaltend durch den Park (vorbei an Ententeich, Mammutbaum und Streichelzoo) zur Straßenbahnstation Pötzleinsdorf flanieren.

WELTSTADT MIT WEINBAU

Für zahlreiche ehemalige Vororte zählte der Weinbau jahrhundertelang zu einem wichtigen Wirtschaftsfaktor. Zwar wurden im Laufe der Zeit etliche Weingärten gerodet, dennoch kann sich Wien heute damit rühmen, die weltweit einzige Großstadt zu sein, die innerhalb der Stadtgrenze Weinbau betreibt. Über mehrere Außenbezirke verteilt (Grinzing, Sievering, Neustift, Mauer bis Oberlaa) sind es insgesamt knapp 680ha Anbaufläche, wobei überwiegend auf Weißwein gesetzt wird. Wiens Weinbauern setzen zudem immer mehr auf die biologisch-dynamische Landwirtschaft, bei der der gesamte Lebensraum – also auch andere Pflanzen und Tiere wie z.B. Insekten – rund um die Rebe miteinbezogen werden. Im Mittelpunkt des Ganzen steht die Stärkung des Bodens.

Im Park und vor dem Schloss Pötzleinsdorf (Zugang Pötzleinsdorfer Straße) stehen einige der Statuen des 1881 ausgebrannten Wiener Ringtheaters.

Reblaus-Skulptur

Sulzweg

©Loris

Endlose Äcker

Von peripheren Feldwegen an der Stadtgrenze zu urbanen Seestadt

Das Niemandsland zwischen Neueß-ling und Eßling mit seinen weitläufi-gen Feldern, Gärtnereien und Glas-häusern übt einen ganz speziellen Reiz beim Spazieren aus. Die bekannten blauen Straßenbenennungstafeln beweisen, dass wir uns wirklich noch in Wien befinden und nicht vielleicht schon in einer kleinen Marchfeldge-meinde. Groß ist der Kontrast, wenn wir uns nach dem Durchstreifen die-ser ländlichen Strukturen wenig später plötzlich mitten im urbanen Treiben wiederfinden und durch die jungen Grätzl der gerade entstehenden *See-stadt Aspern* spazieren.

Vom Fliegen zum Flanieren

Als eines der größten Stadtentwick-lungsgebiete Europas wächst die See-stadt seit 2013 Schritt für Schritt. Nach Fertigstellung sollen hier einmal 20.000 Menschen wohnen und eben-so viele arbeiten. Ursprünglich befand sich mit dem Flugfeld Aspern hier Wiens Flughafen, ehe jener in Schwe-chat diese Rolle übernahm und die Flugzeuge nun – unüberhörbar – über die Seestadt drüberfliegen. Zu ebener Erde ist in der Seestadt nicht zu über-sehen, dass neben dem See und den

START & ANREISE
1220 Wien, Breitenleer Straße 434
Linien 24A, 89A › Station Neueßling
(Haltestelle am Ausgangspunkt)

WEGVERLAUF
Neueßling › Teufelsfeldsiedlung › Ambro-sigasse › Schafflerhof › Kaschauerplatz › Himmelteich › Gedenkwald › Seestadt

TOUR
9,2km (3¼h) | SW | 80hm

Parks auch viel Wert auf abwechs-lungs- und detailreich gestaltete öf-fentliche Gassen und Plätze gelegt wird – mehr, als wir in Wien sonst ge-wohnt sind. Das sympathisch urbane Gewusel in den schon fertiggestellten Vierteln zeigt, dass es sich auszahlt.

Wegbeschreibung

❚ Von der Busschleife Neueßling ge-

Hannah-Arendt-Park

hen wir kurz stadtwärts auf der Breitenleer Straße, biegen aber gleich links in den Pfingstrosenweg. Dann nehmen wir links den Asparagusweg, der sich nach dem Telephonweg in einen Feldweg entlang eines Baumstreifens verwandelt. Bei der nächsten Straße (es ist die Schafflerhofstraße) gehen wir rechts und biegen links in die Ambrosigasse. Diese ist u-förmig, weshalb wir uns zwei Mal um 90° nach rechts wenden, ohne dass sich der Straßenname ändert. Wir erreichen

wieder die Schafflerhofstraße, nehmen sie links und queren die Bahn. Die Teiläckergasse begehen wir rechts bis zum Kaschauerplatz, queren diesen und verlassen ihn am anderen Ende über die Käsmayergasse zur Wehrbrücklstraße, in die wir links biegen. Bei der Niklas-Eslarn-Straße gehen wir rechts (wer mag, kann stattdessen auch für eine Station in den Bus hüpfen). Auf Höhe der Lehenstraße wandern wir links beim Himmelteich über die Brücke und nach

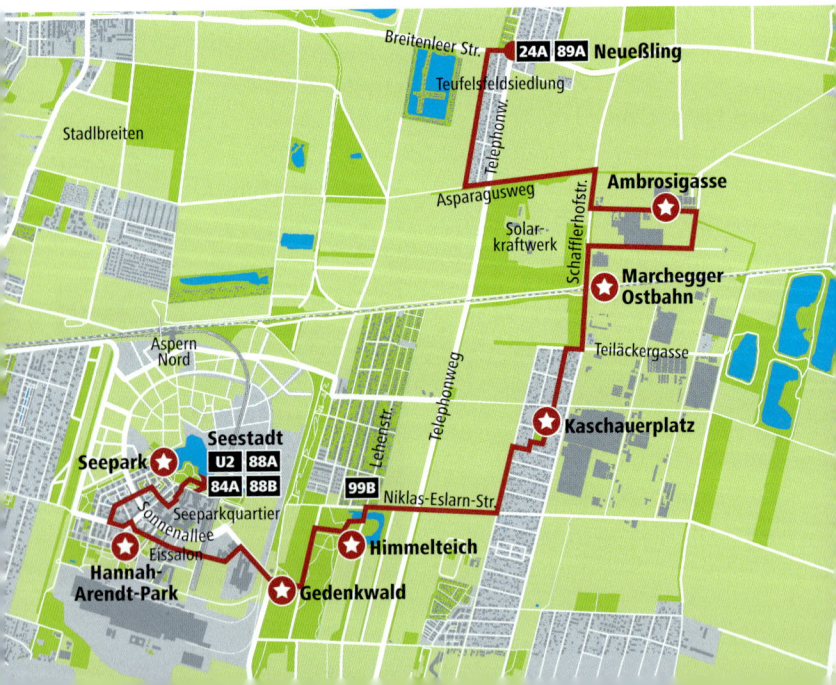

dieser rechts-links-rechts auf kleinen Waldwegen, bis wir schließlich einen breiten geraden Weg erreichen, den wir links nehmen. Eine Wiesenschneise führt rechts zum Gedenkstein und in die Seestadtstraße. Auf dieser queren wir ein Gleis und biegen bald links in die Christine-Touaillon-Straße.

Nach dieser durchstreifen wir die Seestadt wie folgt: erst stets geradeaus über Maria-Trapp-Platz, Hannah-Arendt-Platz und Maria-Tusch-Straße. Dann rechts Mimi-Grossberg-Gasse und über Hermine-Dasovsky-Platz und Agnes-Primocic-Gasse zur Susanne-Schmida-Gasse, diese rechts und weiter als Trude-Fleischmann-Gasse. Von hier gehen wir links bis zum See und spazieren gemütlich durch den Seepark zu U-Bahn.

NIMMERGRÜN ODER IMMERGRÜN?

Wer die vielen Felder auf Wiener Stadtgebiet sieht und dann durch die Seestadt mit dichter Bebauung spaziert, fragt sich schnell einmal: Werden die ganzen Äcker auch bald neuen Stadtvierteln weichen müssen? Das sogenannte »Leitbild Grünräume Wien« gibt Antwort. In diesem Dokument der Stadt Wien ist festgelegt, wo in sich Wien auch künftig Wälder, Wiesen und Felder finden lassen. Als »Immergrün« sind alle Gebiete definiert, die jedenfalls unbebaut bleiben. Neben Klassikern wie dem Wienerwald zählen dazu auch Ackerflächen zwischen Breitenlee und Neueßling, die in den *Norbert-Scheed-Wald* verwandelt werden sollen. Manch andere Ackerflächen, etwa in Eßling, dienen als »Grüne Reserve«. Sie werden nur bebaut, sollte es irgendwann kaum noch andere Flächen in der Stadt für Neubauten geben.

Sehenswert: In der Seestadt, nahe der U2-Station, entsteht mit 84m eines der weltweit höchsten Holz Hochhäuser (HoHo).

Ambrosigasse
©Loris

Seepark und Janis-Joplin-Promenade
©AdobeStock/Max

Verriegelte Pforten

Diese Tour führt uns entlang der Außengrenzen von Döbling und Währing vorbei an ehemals traditionsreichen Spitälern, deren Gebäude noch heute durch ihre durchdachte Architektur beeindrucken. Schönheit ist allerdings nicht die wichtigste Kategorie im Gesundheitswesen, und so wurden die Häuser sukzessive geschlossen und ihre Aufgaben an modernere Standorte übertragen.

Die *Kinderklinik Glanzing*, das erste Objekt unserer Wanderung. 1908 fand unter dem Motto »Für das Kind« eine monarchieweite Spendenaktion statt, aus deren Ertrag 1915 die sogenannte *Reichsanstalt für Mutter- und Säuglingsfürsorge* eröffnete. Im Gebäude konnten etwa 150 Kinder behandelt werden und Mütterbetten gab es damals auch schon. Inzwischen wurde die Klinik als Wohnhaus adaptiert, wobei die Fassade im Originalzustand erhalten blieb. Die einst riesige Gartenanlage wurde leider dicht verbaut. Unser Weg führt weiter durch reizvolle Villenviertel zur *Semmelweis-Frauenklinik*, ein prachtvolles Gebäude, in einem schönen Park gelegen. Die letzte Station ist das *Orthopädische Krankenhaus Gersthof*. Das

START & ANREISE
1190 Wien, Krottenbachstraße 120
Linie 35A › Glanzing
(Haltestelle am Ausgangspunkt)
WEGVERLAUF
Glanzinggasse › ehem. Klinik Glanzing › Semmelweisareal › ehem. Orthopädisches Krankenhaus Gersthof › Gersthof
TOUR
4,2km (1¼h) | SW | 90hm

Hauptgebäude, ein Werk der Architekten Mautner und Rothmüller, vereint Elemente des späten Jugendstils, des Art Déco und des Expressionismus. Seine ursprüngliche Widmung war die einer Entbindungsanstalt für die Wiener Kaufmannschaft.

Was kommt danach?

Im Zuge eines Sparpakets sollen die

Ehem. Kinderklinik Glanzing

Wiener Spitalsstandorte auf sieben reduziert und auf Schwerpunkte ausgerichtet werden. Die *Kinderklinik Glanzing* ist bereits 1999 ins Wilhelminenspital übersiedelt, die Semmelweisklinik und das *Orthopädische Krankenhaus Gersthof* schlossen 2019 endgültig ihre Pforten und werden in der neuen Klinik Floridsdorf weitergeführt. Die Semmelweis-Klinik wird u.a. von einer internationalen Musikschule genutzt, während sich hinter den Türen der ehemaligen *Kin-*

derklinik Glanzing teure Luxuswohnungen befinden, und in das *Krankenhaus Gersthof* soll eine Schule siedeln.

Wegbeschreibung

▌Zu Beginn die Glanzinggasse begehen, die sich bei der ehemaligen Klinik (Nr. 35-39) gabelt: hier nicht geradeaus weiter, sondern eine scharfe Kurve nach links machen. So gelangen wir an eine Kreuzung, an der sich sechs Straßen treffen. Dort die Wilbrandtgasse nehmen, auf die Wind-

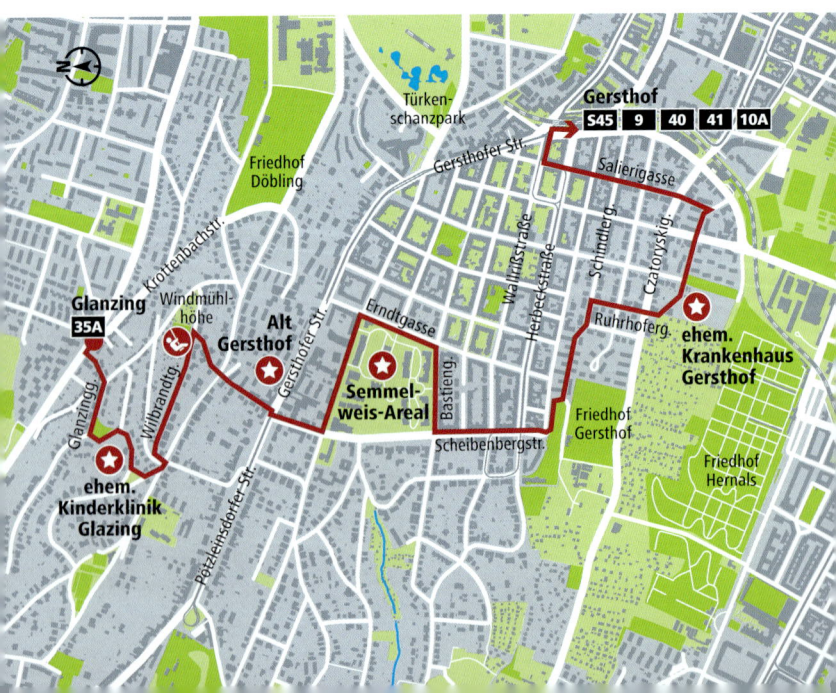

mühlhöhe spazieren und der Gasse bzw. dem Fußweg weiter folgen. Anschließend rechts in die Hermann-Pacher-Gasse biegen, die Stiege runter und die Scheibenbergstraße hinaufgehen. Links via Hockegasse den Gerda-Lerner-Park durchstreifen. Bei Hockegasse Nr. 37 durchs Semmelweis-Areal (falls geöffnet, ansonsten außen herum durch die Erndtgasse) zur Bastiengasse wandern. Diese anschließend rechts gehen, um bei der Dürwaringbrücke wieder zur Scheibenbergstraße zu kommen und ihr nach links zu folgen. Weiter durch Möhnergasse, den Gemeindebau, Schindler-, Ruhrhofergasse und Gillingerweg zum Krankenhaus Gersthof gehen. Nun via Wielemans-, Kurzböck-, Salierigasse und Wallrißstraße zur Station Gersthof hinunterwandern.

TRADITION VERSUS FORTSCHRITT

Dem ungarischen Arzt Ignaz Semmelweis fiel im 19. Jahrhundert der Zusammenhang zwischen Hygiene im Spitalsbetrieb und dem Auftreten schwerer Krankheiten, wie zum Beispiel dem Kindbettfieber, auf. Seine Erkenntnisse wurden jedoch ignoriert. Die Ärzteschaft sah in diesem Jahrhundert Hygienemaßnahmen – wie etwa die Desinfektionen – als unnötige Zeitverschwendung an. Erst nach Semmelweis' Tod setzten sich die von ihm geforderten Maßnahmen langsam durch. Nach ihm wurde die Frauenklinik in Währing benannt, ebenso wie ein Verhaltensmuster: der Semmelweis-Reflex. Dieser beschreibt die sofortige Ablehnung einer Entdeckung, ohne deren Gültigkeit zu prüfen. Ein Phänomen, mit dem auch heutige Wissenschaftler sehr oft konfrontiert sind.

Ursprünglich sind die Pavillons der Semmelweis-Klinik als Kinderheim geplant und benutzt worden. Erst 1943 erfolgte die Umgestaltung zu einem Frauenspital.▼

Ehem. Krankenhaus Gersthof

Semmelweis-Areal

TOUR 30

Cobenzl-Kombi

**Der Hausberg der Wiener –
kennt ihr wirklich jeden Winkel?**

Den Cobenzl braucht man nicht vorzustellen? Weit gefehlt! Denn wer sich abseits der Besucherscharen bewegt, kann allerhand entdecken. Restaurant und Landgut sind bekannte Ziele, aber ein paar Schritte abseits der Menschenmenge wartet Überraschendes. Wer kennt etwa die Cobenzl-Schanze, die leider kaum noch erhalten ist? 20.000 ZuschauerInnen beobachteten dort den internationalen Skisprung-Wettbewerb mit atemberaubenden Sprüngen von Weiten bis zu 38m. Ein weiterer Fixpunkt ist die *Sisi-Kapelle*, ein romantischer Ort, abseits des Betriebes von Oktogon und Lebensbaumkreis. Die neugotische Kapelle, errichtet zu Ehren des Kaiserpaares, sollte auch als Grabstelle des Auftraggebers Carl Freiherr von Sothen dienen. Die Wiener Friedhofsordnung machte ihm allerdings einen Strich durch die ewige Rechnung. Kombiniert mit Zielen wie Krapfenwaldl, alte Schlossterrasse und Reisenbergbach steht euch eine Wanderung bevor, die ihr sicher genießen werdet.

Wo ist der Cobenzl?

Trotz der Bekanntheit des Cobenzls ist seine Eingrenzung nicht einfach.

START & ANREISE
1190 Wien, Cobenzlgasse 2
Linien 38, 38A › Grinzing
(Haltestelle am Ausgangspunkt)

WEGVERLAUF
Grinzing › Ringweg › Krapfenwaldl › ehem. Schloss Cobenzl › Cobenzl › Am Himmel › Sisi-Kapelle › Reisenbergbach

TOUR
7,7km (2¾h) | RW | 240hm

Umgangssprachlich wird oft die auffälligste Erhebung im Umfeld, der 492m hohe Latisberg, so bezeichnet. Dabei führt kein markierter Weg hinauf, und oben wird man nicht einmal mit einer besondern Aussicht belohnt. Vor dem Latisberg liegt der niedrigere Reisenberg, auch *Am Cobenzl* genannt. Hier hat jedenfalls der Name seinen Ursprung: Der Graf Johann

Ehemalige Schanze

Philipp Cobenzl ließ dort im 18. Jahrhundert ein barockes Schloss mit Gartenanlage errichten, das zu einem beliebten Ausflugsziel wurde. Es stand ca. 500m oberhalb des Gebäudes, das wir heute *Schloss Cobenzl* nennen. Übrig davon ist leider kaum etwas. Ganz in der Nähe davon befand sich auch eine Skisprungschanze, die in den 1930ern für Furore sorgte. In den 1960ern dagegen war das Highlight schlechthin das Rondellcafé. Mittlerweile hat es ebenfalls ausgedient. Nun soll im Herbst 2021 ein verändertes Ensemble aus alten und neuen Gebäuden mit Café eröffnen.

Wegbeschreibung

▌Zu Beginn den Grinzinger Steig begehen, bis links der schmale Ringweg zur Krapfenwaldgasse abzweigt. Dieser bergwärts folgen, bis nach einer Kurve der Mukenthalerweg beginnt. Nach etwa 150m nach links über den Unteren Schreiberweg zum Krapfenwaldbad gehen. Der Krapfenwald-

gasse bis zur Höhenstraße folgen. In diese nach links eintreten und 250m (scharfe Kurfe) weiterwandern. Hier befinden sich ein Schranken sowie ein begehbarer Bachtunnel, über diesen die ehemalige Sprungschanze führte. Nun wieder zurück zur Höhenstraße. Etwa 15m weiter führt ein unmarkierter Weg steil bergauf. Dieser bringt uns zu einem breiten Wanderweg, dem wir nach links folgen (hier war die alte Schlossterrasse). Beim Landgut Cobenzl kurz vor dem Parkplatz rechts, danach sofort erneut rechts, den Pfad am Waldrand gehen.

Unten stoßen wir auf einen Weg, über den wir (links) erneut zur Höhenstraße kommen. In diese nach rechts einbiegen, um zum Lebensbaumkreis Am Himmel zu gelangen. Von dort dem Hauptweg zur Sisi-Kapelle folgen. An der Kapelle den etwas unterhalb liegenden Pfad in den Gspöttgraben nehmen, um wieder zur Himmelstraße zu kommen. Diese queren und beim Gasthaus Häuserl am Himmel dem Paula-Wessely-Weg entlang des Reisenbergbachs hinunter folgen. Die Himmelstraße (rechts bergab) bringt uns zurück nach Grinzing.

HIMMLISCHES AM HIMMEL

Wie *Am Cobenzl* gab es auch am Pfaffenberg, heute vor allem als *Am Himmel* bekannt, ein Schlössl mit Vergnügungspark. Erbauen ließ es Hofrat Binder von Kriegelstein. Heute ist davon kaum etwas übrig. Dafür wurde im Jahr 1997 vom Kuratorium Wald, das auch Eigentümer des Areals ist, ein *Lebensbaumkreis* auf Basis eines keltischen Baumhoroskops gepflanzt. An den Tonstelen vor den 40 Bäumen kannst du den botanischen Steckbrief sowie die Bedeutung des jeweiligen Gewächses für menschliche Wesen lesen. Dringst Du in den daneben liegenden Wald ein, gelangst Du zur 1856 erbauten Sisi-Kapelle. Nach Verfall und Zerstörung im 2. Weltkrieg konnte dieses einsam im Wald stehende Gebäude gerettet werden und es erstrahlt seit 2005 in neuem Glanz.

Das Landgut Cobenzl erfreut nicht nur Kinderherzen mit seinem begehbaren Bauernhof und den dazugehörigen Tieren (Am Cobenzl 96, www.landgutcobenzl.at).

Lebensbaumkreis

VHS
DIE WIENER VOLKSHOCHSCHULEN

Fotos: shutterstock

Probier's jetzt ONLINE!

Zeit für Erfolgs-erlebnisse

Für alle, die gerne fit bleiben wollen:
Tai Chi, Yoga, Wirbelsäulengymnastik,
Pilates und vieles mehr!

Stadt Wien | Bildung und Jugend

#meinerfolgserlebnis
www.vhs.at

Ruhiges Bacherl

**Entlang des Liesingbachs
in das Zentrum von Schwechat**

Fotografie: Jochen Hans

Fast 20.000 Einwohner hat die Gemeinde *Schwechat* mittlerweile, die direkt an den Bezirk Simmering grenzt. Jeder Wiener weiß, dass sich dort der internationale Flughafen und die größte Erdölraffinerie Österreichs befinden sowie das goldene Schwechater Bier abgefüllt wird. Weit weniger bekannt ist der Schwechater Ortskern. Obwohl die Gemeinde in der Spätphase des Zweiten Weltkriegs oft bombardiert wurde, wartet sie jedoch mit wundervollen Bauten auf:

Liebliches Schwechat

Allen voran das schmucke *Barockschloss Rothmühle* und die ebenfalls im Barock umgestaltete *Thurnmühle*. Beide Anwesen waren im Mittelalter Mühlen, die mit der Kraft der Schwechat (gleichnamiger Fluss) betrieben wurden und die umliegenden Betriebe belieferten. Anmutig, im spätbarocken Ensemble präsentiert sich die Pfarrkirche Schwechat mit Pfarrhof und der ehemaligen Schule. Das Bezirksgericht ist in einem ganz besonderen Gebäude untergebracht: dem *Schloss Altkettenhof*, dessen Ursprünge ins 13. Jahrhundert zurückreichen. Die Fassade ist mit Pilastern und Risaliten

START & ANREISE
1100 Wien, Laaer-Berg-Straße 310
Linien U1, 17A, 68B, 70A › Oberlaa
(Haltestelle am Ausgangspunkt)
WEGVERLAUF
Oberlaa › Unterlaa › Kledering › Rannersdorf › Schwechat › Rathauspark › Badgasse › Bahnhof Schwechat
TOUR
8,4km (2¾h) | SW | 80hm

reich verziert und auf der Südseite befindet sich ein großer Wintergarten, wobei nordseitig ein Söller als Terrasse benutzt wird. Ebenfalls sehen lassen können sich Schwechats Grünoasen. Neben dem schattigen *Rathauspark* und dem bunten *Felmayergarten* wachsen die Bäume seit 2003 auch um den Kellerberg. *Schwechater Stadtwald* nennt sich dieses begeh-

Liesingbachbegleitweg

bare Erholungsgebiet. Um die selten besuchte Innenstadt von Schwechat zu erkunden, folgen wir dem Liesingbach, an dem es einen Piratenspielplatz, gemütliche Rastplätze und immer wieder kleine Flussbadestellen gibt. Unsere Tour führt hauptsächlich über Asphalt- sowie Schotterwege und Höhenunterschiede gibt es kaum. Alles in allem ein sehr komfortabler Spaziergang in eine kleine Stadt, deren Wurzeln bis in die Bronzezeit zurückreichen.

Wegbeschreibung

Nachdem die U-Bahn-Station Oberlaa verlassen ist, wandern wir an der Laaer-Berg-Straße stadtauswärts. Kurz vor der Brücke (über die Liesing) biegen wir nach links auf den Liesingbachbegleitweg. Bei der ersten Möglichkeit überqueren wir den Bach und gehen (die Richtung beibehaltend) an der anderen Uferseite weiter. Nun folgen wir der Liesing für fast 7km bis zum Gebäude der Feuerwehr Schwechat.

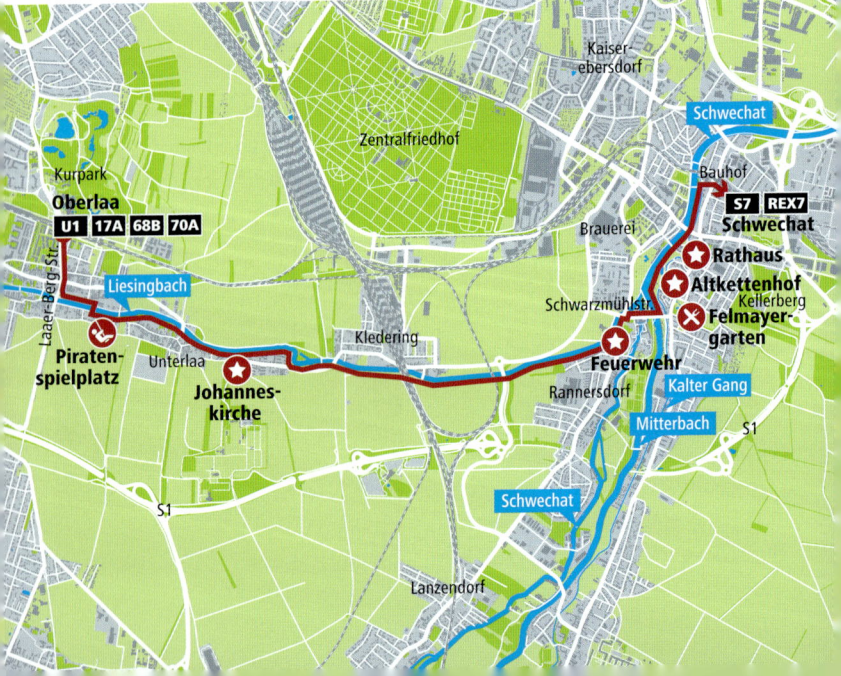

Einige Meter danach benutzen wir den Aufgang zur Brauhausstraße und finden uns an einem Kreisverkehr wieder. Diesen überqueren wir nach rechts, treten in die Schwarzmühlstraße ein und spazieren über drei Brücken. Sofort nach der Brücke über den Mitterbach nehmen wir den Abgang links und flanieren am Ufer weiter. Wir sehen dabei die Mündung von Liesing und Mitterbach in die Schwechat, das historische Gebäude des Bezirksgerichts Schwechat, den Rathauspark und unterqueren die B10. Am Ende des Uferweges (auf Höhe der 2. Fußgängerbrücke) gehts rechts neben dem Bauhof in die Badgasse. Danach überqueren wir die breite Sendnergasse, um erneut rechts haltend (entlang der Gleise) zum Schwechater Bahnhof zu gelangen.

SCHWECHAT IST MEHR

In zehn Stationen zeigt ein 2011 eröffneter Kulturwanderweg – *Ideenreich Schwechat* – dass die Schwechater Einwohner im Lauf der Geschichte immer wieder bei besonderen Errungenschaften mitmischten. Ob Kultur, Technik oder Sport, manche Neuerungen aus Schwechat gingen um die ganze Welt. Der Wanderer erfährt, wo das Lagerbier erfunden wurde, das man hier die eCard entwickelte und wo WeltklassesportlerInnen trainieren. Der lehrreiche Pfad führt vom Hauptplatz über das Multiversum, den Stadtpark, das Schloss Rothmühle, den Felmayergarten zum Schloss Freyenthurn. Im Gemeindeamt Schwechat kann ein ergänzendes Begleitbuch zum interessanten Kulturwanderweg erworben werden.

Beim Mitterbach nahe der Schwarzmühlstraße finden wir einen kleinen, naturnahen Kiesstrand. Ein Stück Stadtnatur zur Abkühlung für wasserliebende Naturverbundene, Kinder und Vierbeiner. ▼

Felmayergarten

©Stadtgemeinde Schwechat

Schloss Altkettenhof am Mitterbach

©Stadtgemeinde Schwechat

Flache Gefilde

Das Mühlwasser: dem Naturparadies in den Donauauen auf der Spur

©jine

Ob das Mehl für Kaiser Franz Josephs Lieblingsspeise, dem *Kaiserschmarren*, von der Kraft dieses Wassers gemahlen wurde, ist nicht herauszufinden. Doch der Name des Grätzls Kaisermühlen lässt genau dies vermuten. An der Alten Donau – einst der Hauptarm des Stroms – gelegen, wurde auf Schiffsmühlen Getreide zerkleinert. Auch am *Mühlwasser* ankerten diese wasserkraftbetriebenen, hausbootartigen Mahlwerke. Im Gegensatz zum bunten Treiben in Kaisermühlen scheinen hier jedoch die Uhren wesentlich langsamer gelaufen zu sein. Nur wenige Badegäste bevölkern die Ufer dieses, als Naturdenkmal ausgezeichneten, Fleckchens Erde. Statt mächtigen Wohntürmen finden wir am Mühlgrund Bauernhöfe, Selbsterntefelder, Fischbecken und Pferdekoppeln. Jedenfalls brauchen wir auf diesem Rundweg nicht an unserem Verstand zu zweifeln, wenn wir eine Stockente sehen, aber ein »ia« an unser Ohr dringt.

Urbane BäuerInnen

Auf und um die Gründe des ehemaligen Gärtnerhofs Polzer, hat sich der Verein *Kleine Stadtfarm* angesiedelt.

START & ANREISE
1220 Wien, Kaisermühlenstraße 24
Linien U2, S80, 86A, 87A, 94A › Stadlau
(Haltestelle am Ausgangspunkt)

WEGVERLAUF
Stadlau › Mühlgrund › Kleines Schilloch › Schillerwasser › Biberhaufenweg › Mühlwasser › Stadlau

TOUR
8,1km (3h) | RW | 100hm

Die Mitglieder kamen, um eigenhändig zu pflanzen, aber nicht nur das. In den alten Glashäusern des Gärtnerhofs wird sogar gezüchtet. Fische sind es, genau genommen die Gattung *Tilapia Niloticus Oreochromis,* die vorzüglich munden soll, sowie *Knabberfische*, die bei Hautkrankheiten wie Neurodermitis und Schuppenflechte eingesetzt werden.

Solarenergie im KW-Donaustadt

©KW-Donaustadt

Oder *NaLeLa*, eine Bildungswerkstatt rund ums Thema Landwirtschaft. Gemeinsam werden Butter, Seifen und Farben hergestellt und Kunstwerke aus hofeigener Schaf- und Alpakawolle gefilzt. Und gleich gegenüber bewirtschaften die emsigen *LoBauerInnen* einen 4000m² großen Gemüseacker.

Wegbeschreibung

❚ Zu Beginn die Kaisermühlenstraße in südlicher Richtung der Bahn ent-

langgehen. Bei der nächsten Unterführung geradeaus auf dem Fußweg weiter. Nach Querung einer Brücke links in die Mühlwasserstraße biegen, dann nach rechts am Franz-Pletersky-Weg spazieren. An dessen Ende über den Goldnesselweg neben der ehem. Bahnstation Lobau flanieren und auf der anderen Seite über die Rampe hinunter. Anschließend eine Kurve nach links machen und den Weg, mit Brücke übers Kleine Schilloch, zum Zieselweg nehmen. In diesen nach

rechts biegen, um darauf den Kieri-schitzweg zu betreten. Nun gehts nach links in den Steinspornweg. Beim Biberhaufenweg erneut nach links und über den Reiher- zum Ulanenweg, den wir wiederum nach links nehmen. Jetzt über den Musketier-, Murat- und Pionierweg sowie geradeaus weiter zum Ufer des Mühlwassers spazieren, dem Du nach links folgst. Beim Binsenweg über die Brücke und in gleicher Richtung, jedoch am anderen Ufer, weiter flanieren. Auf Höhe der nächsten Brücke nach rechts abzweigen und zur abseits gelegenen Gasse Am Mühlwasser gehen. Nun nach links, danach über die Strandbad-Lagerwiese zum Mühlgrundweg. Nach der Siedlung rechts abzweigen und anschließend links in die Mühlgrundgasse, um zurück zu gelangen.

STETER ENERGIEWANDEL

Beim Spazieren entlang des Steinspornweges passieren wir auch die Rückseite des Kraftwerks Donaustadt. Anhand dieser Anlage wird der Energieerzeugungs-Wandel der letzten Jahrzehnte sichtbar. Beim Entwurf in den 1970er-Jahren wurde noch überlegt, ein Kernkraftwerk zu errichten. Nach der Volksabstimmung zum AKW Zwentendorf war die Idee natürlich vom Tisch. So entschied sich die Stadt für ein kalorisches Kraftwerk mit zwei Blöcken, deren 150m hoher Rauchfang weithin sichtbar ist. 1987 wurden auch Rauchgasfilter nachgerüstet. Block 3 entstand 2001 und hat bereits eine wesentlich höhere Brennstoffausnutzung und weniger Schadstoff-Ausstoß. 2012 ging nun auf dem Gelände das erste Wiener Solarkraftwerk mit Bürgerbeteiligung in Betrieb.

Wenn nicht gerade die Gelsen Hochsaison feiern, ist das Mühlwasser ein Ort mit etlichen zauberhaften Badeplätzen. Zudem gibt es ein kleines, öffentliches Strandbad. ▼

Mühlwasser

Strandbad

Geteiltes Wasser

**Dorthin, wo der Donaustrom
neue Gewässer entstehen lässt**

Den Donauwalzer »An der schönen blauen Donau« von Johann Strauss können wir auf dieser Tour mehrmals summen. Denn es geht in das Gebiet, wo das Donauwasser in drei zusätzliche Arme fließt: *Donaukanal, Marchfeldkanal* und *Neue Donau* spalten sich hier vom großen Strom ab. Zwar regeln Wehre ihren Zufluss, doch von diesen aus lässt sich das jeweilige Spektakel gut beobachten. Obwohl von derselben Quelle gespeist, könnten die Gewässer nicht unterschiedlicher sein. Da hätten wir den im Betonbett verpackten Donaukanal, der sich mit stetem Tempo in Richtung Innenstadt bewegt. Dann das sanft dahinplätschernde Bächlein namens Marchfeldkanal, die stillgewässerartige Neue Donau und letztlich auch noch den eigenwilligen Donaustrom. Zusätzlich durchwandern wir den 2002 gegründeten *Kirschenhain*, der von Mitte bis Ende April mit hübschen, rosafarbenen Blüten aufwartet und entdecken den kleinen, naturnahen *Phönixteich* direkt auf der Donauinsel. Gegen Ende unserer Reise präsentiert uns das *Fischereimuseum* die Geschichte des Marchfeldkanals und die der Fischerei in Wien.

START & ANREISE
1190 Wien, Heiligenstädter Straße 178
Linien S40, D, 400 › Wien Nußdorf
(Haltestelle am Ausgangspunkt)

WEGVERLAUF
Bahnhof Nußdorf › Brigittenauer Sporn › Steinitzsteg › Donauinsel-Nordspitze › Marchfeldkanal › Strebersdorf

TOUR
12,4km (4h) | SW | 150hm

Unsichtbares Kraftwerk
Otto Wagner und Siegmund Taussig waren für den Bau des Wehrs, samt *Schemerlbrücke* und Nebengebäuden, verantwortlich. Repräsentativ, mit zwei stromaufwärts blickenden Löwenfiguren bestückt, hat das Wehr seit 2005 noch eine Zusatzfunktion. Darunter versorgen Turbinen etwa 10.000 Haushalte mit Strom.

©AdobeStock/A. Karnholz

Schemerlbrücke

Wegbeschreibung

▌Am Bahnhof Wien Nußdorf durch die nebenliegende Unterführung zur Donaupromenade gehen und diese in Fließrichtung bis zur Schemerlbrücke entlangschlendern. Die Brücke überqueren und geradeaus weiter bis zum Ufer der Donau wandern. Anschließend halten wir uns erneut flussabwärts, gehen über den Schleusengang und erreichen den Handelskai. Diesen entlang bis zum Stellwerk Brittenau. Den Bahnübergang überqueren und sofort in die nächste Straße links einbiegen (30m). Den schmalen Gehsteig entlanggehen, bis der Treppenaufgang des Steinitzstegs erreicht ist. Diese knallgelbe Fußgängerbrücke führt uns direkt auf die Donauinsel.

Nun links zum Treppelweg der Donau flanieren und immer gegen die Fließrichtung wandern, bis das Wehr am Nordende der Donauinsel erreicht ist. Zweimal lohnt es sich, die Inselmitte zu besuchen. Erstens für den *Kir-*

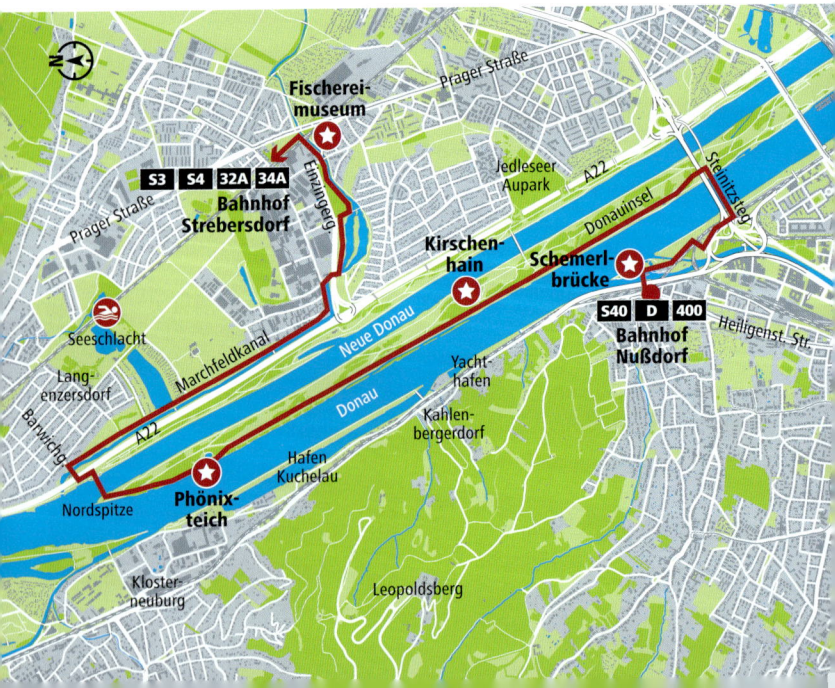

schenhain (wenn Du schräg gegenüber auf der anderen Seite der Donau die Einfahrt in den Yachthafen siehst) und zweitens für den *Phönixteich* (am gegenüberliegenden Ufer endet der große Hafen Kuchelau).

An der Nordspitze angelangt gehen wir über das Wehr, dann links und anschließend unter der Unterführung der Barwichgasse hindurch. Kurz vor dem Imbissstand Fischerhütte beginnt rechts ein Weg, der nun immer entlang des Marchfeldkanals verläuft. Wir folgen ihm – auch noch nachdem er eine starke Linkskurve macht und kurz danach zum breiten Schönungsteich wird – bis zur Unterführung der Nordwestbahn. Wir schlupfen hindurch, biegen sofort nach links und erreichen den Bahnhof Strebersdorf.

WASSER FÜR'S GEMÜSE

Aus dem Marchfeld kommen viele österreichische Gemüsesorten. Die besonderen Bodentypen des Gebiets bieten ideale Bedingungen dafür. Doch aufgrund des pannonischen Klimas und der vielen Grundwasserentnahmen der Region, gibt es dort oft massiven Wassermangel. Um das Problem zu lösen, begann man 1984 mit dem Bau des 18km langen Marchfeldkanals, der Wasser aus der Donau abzweigt und über den Rußbach, den Obersiebenbrunner Kanal und den Stempfelbach im Marchfeld verteilt. Damit konnte dort nicht nur das Grundwasser stabilisiert werden, sondern sich aufgrund der naturnahen Gestaltung des Kanals auch neues Leben ansiedeln. Mehr als 50 verschiedene Fischgattungen sollen dort schon heimisch sein.

Am Einlaufbauwerk Langenzersdorf zweigt die Neue Donau von der Donau ab. Dieses gewaltige Schauspiel lässt sich auf der Nordspitze (neben dem Wehr) beobachten. ▼

Kirschenhain

Einlaufbauwerk Langenzersdorf

Erträumte Ferne

Am Maurer Berg gedankliche Reisen zu den Sternen unternehmen

Nanokosmos und Makrokosmos beginnen dort, wo unsere direkte Wahrnehmung aufhört. Mit dieser Definition zieht die heutige Wissenschaft ihre Grenze zwischen den beiden Polen. So bewegen wir uns streng genommen nur im Mesokosmos, der Welt der Mitte. Doch Gedanken sind frei! Wir können uns im Sterngarten sowohl unser Sonnensystem, als auch am Planetenweg eine Reise von Pluto bis Merkur vorstellen. Oder den Nanokosmos betreten, indem wir beobachten, wie am Pappelteich kleinste Teilchen dafür verantwortlich sind, dass das Wasser von den Seerosenblättern perlt. Da wir schon bei gedanklichen Reisen sind – auf dieser Tour ist noch etwas möglich: Eine Zeitreise in die Jungsteinzeit im Steinbruch auf der Antonshöhe.

Wiens ältestes Industriedenkmal

Im Jahr 1930 wurden im Steinbruch an der Antonshöhe Sprengungen durchgeführt. Zu Tage kamen Abbauschächte, die bereits in der Jungsteinzeit angelegt wurden. In diesen, auch Mardellengruben genannten Gängen, bauten unsere Vorfahren Hornstein und auch Radiolarit ab: beides Ge-

START & ANREISE
1230 Wien, Kaserngasse 38
Linie 60A › Kaserngasse
(Haltestelle am Ausgangspunkt)
WEGVERLAUF
Kaserngasse › Wotrubakirche › Sterngarten › Pappelteich › Jägerwiese › Maurer Wald › Kaserngasse
TOUR
7,3km (2¼h) | RW | 180hm

steine, die bei ihrem Bruch scharfe Kanten bilden. Ein ideales Rohmaterial zur Herstellung von Steinwerkzeugen wie Schaber, Messer sowie Speer- und Pfeilspitzen. Zum Abbau des Gesteins wurden Geräte aus Hirschgeweih oder Geröllen verwendet. Funde belegen, dass der Hornstein von der Antonshöhe schon vor 7.500 Jahren in den nahegelegenen

Sterngarten

Dörfern verwendet wurde. Auch sieben Gräber haben die alten Schächte verborgen. Über deren Insassen ist allerdings noch kaum etwas bekannt.

Wegbeschreibung

▌Am Ende der Kaserngasse gehts nach rechts in die ansteigende Maurer Lange Gasse. Kurz vor der letzten Häuserreihe biegen wir nach links in die Georgsgasse und erreichen die Wotrubakirche. An ihrer linken Seite beginnt ein Pfad, der zum Sterngarten führt. An seiner Stufen-Plattform dem Weg zuerst nach rechts, dann nach links folgen. Nun über die große Kasernwiese bergab. Am Wienerwald-Infostand nach rechts und auf dem Schotterweg, vorbei an Spielplatz, Pappelteich sowie drei Wiesen, bis kurz vor die Gütenbachstraße wandern. Nun nach rechs (parallel zur Gütenbachstraße) zur Jägerwiese spazieren. Wir gehen den Pfad am Wiesenrand hinauf (Stadtwanderweg 6), um das Dükerbauwerk zu erreichen.

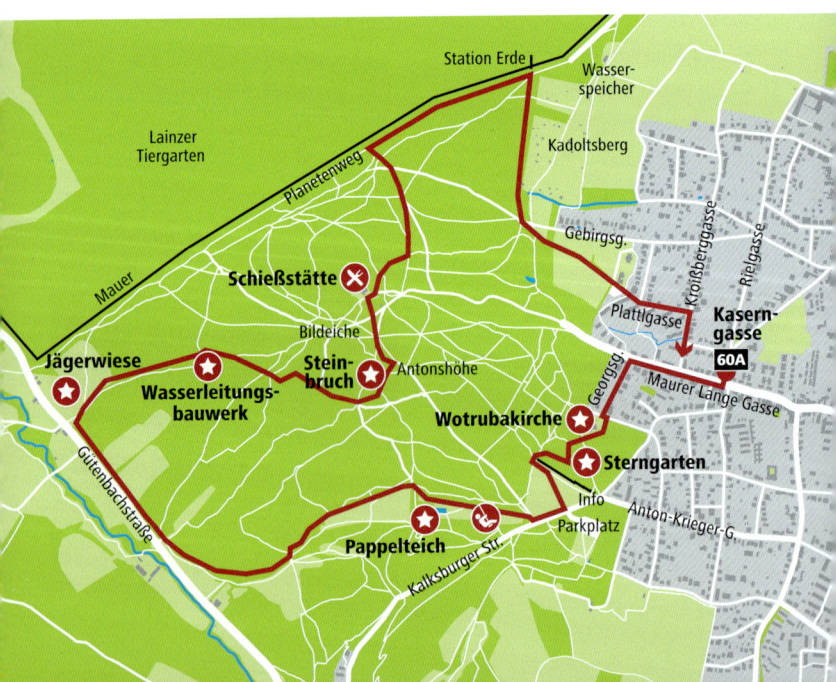

Am einfachsten ist es jetzt, den weißen Steinen (Wasserleitungsmarkie-
rungen) zu folgen, bis diese unseren
Wegverlauf verlassen. Kurz danach
kommt eine Kreuzung, an der du
rechts einbiegst und immer links haltend ums Hornsteinbergwerk wan-
derst. Anschließend stößt du auf einen
Wegweiser, der zur Schießstätte führt
(Antonshöhe). Kurz vorm Gasthaus
den rechten Weg nehmen und bis zu
einem Schranken spazieren, an dem
ein Wegweiser nach links in Richtung
Planetenweg weist. Diesem nun nach
rechts, entlang der Tiergartenmauer,
folgen. Bei der Station Erde nehmen
wir den Pfad rechts hinab und kommen so in die Kroißberggasse. Diese
nach rechts nehmen um wieder in der
Maurer Langen Gasse bzw. Kaserngasse zu landen.

STERNE UND PLANETEN

Auf diesem Weg gibt es zwei Einrichtungen,
die sich mit unserem Universum beschäfti-
gen. Erstens der *Sterngarten*, das Freiluft-
planetarium am Georgenberg. Hier haben
Himmelskundige die Möglichkeit, die frei
zugängliche Anlage zu nutzen, um astrono-
mische Ereignisse mit freiem Auge verfolgen
zu können. Die Idee dafür hatte Oswald Thomas, Gründer des Österreichischen Astrono-
mischen Vereins und langjähriger Leiter der
Urania Sternwarte sowie des Planetariums.
Zweitens betreten wir auf dieser Tour auch
einen Teil des *Planetenweges*. Die Tafeln haben den selben Abstand zueinander, natürlich
maßstabsgerecht verkleinert, wie die Plane-
ten in unserem Sonnensystem. Von Sonne
bis Pluto werden dabei 6km zurückgelegt.

*Der Pappelteich ist auf den ersten Blick
nichts anderes als ein Betonpool. Doch unter
der Wasseroberfläche tummeln sich Kröten,
Frösche, Kaulquappen, Wasserschlangen,
Blutegel und vieles mehr ▼*

Wotrubakirche

Pappelteich

©jine

Gezähmtes Terrain

Tatort Liesingbach: Die Rückkehr des Lebens in eine verbaute Zone

Viele Bauaktivitäten zwischen 1940 und 1980 sind aus heutiger Sicht unverständlich. Auf unserer Tour entlang der *Liesing* ist naturnahe Landschaftsgestaltung lange Zeit zu kurz gekommen. Nicht nur das karge Liesingbett und seine benachbarten, ebenfalls verbauten Seen sind ein typisches Bild dieser Epoche, sondern auch die gewaltigen Autobahnpfeiler, die sich aus einem ehemals lieblichen, barocken Schlossgarten (heute Drachepark) erheben. Doch der Beton beginnt zu bröckeln. Auf dieser Reise beobachten wir, wie Pflanzen harte Untergründe und Menschen Konventionen brechen. Denn uns begegnen Sonnenhungrige, die anstatt in Solarien, am Liesingbach ihre Haut bräunen.

Kleinstadt in der Großstadt

Mit etwa 9.000 *Einwohnern* gehört der *Wohnpark Alterlaa* zu den größten sogenannten Satellitenstädten Österreichs. In solchen »Städten in der Stadt« wird nicht nur gewohnt: Durch die integrierte Infrastruktur bräuchten sie zum Überleben nicht einmal verlassen werden. Auch im *Wohnpark Alt-Erlaa* befinden sich Supermärke, Restaurants, Ärztezentren,

START & ANREISE
1100 Wien, Otto-Probst-Platz 9
Linien 11, 16A › Otto-Probst-Platz
(Haltestelle am Ausgangspunkt)

WEGVERLAUF
Inzersdorf › Drachepark › Neu Steinhof › Steinsee › Wohnpark Alterlaa › Mühlbreiten › Riegermühle › Brunner Straße

TOUR
5,1km (1½h) | SW | 90hm

Schulen, Kindergärten, Hallenbäder, Dach-Pools, Spielplätze sowie eine Kirche. Sogar eine eigene Zeitung und ein Fernsehsender versorgen die Bewohner mit Informationen Wie glücklich Bewohner von Satellitenstädten sind, dazu gibt es unterschiedliche Studien, doch Fakt ist, dass sie mehr Zeit zu Hause verbringen als Bürger aller anderen Wohnformen.

Wohnpark Alterlaa

Die Dosenfabrik

2003 ist das Inzersdorfer-Werk, gegründet um 1870 von den Familien Eisler und Breden als *Erste österreichische Militärkonservenfabrik*, an die Vivatis Holding AG verkauft worden. Das historisch wertvolle Gebäude am Draschepark wurde dabei aufgegeben und von der Stadt Wien erworben. Hinter der erhaltenen Fassade befindet sich heute eine Wohnsiedlung. Produziert werden die Konserveninhalte nun zum Teil in Linz und in St. Pölten. Die Inzersdorfer Nahrungsmittelwerke am Draschepark waren 130 Jahre lang österreichischer Marktführer bei Aufstrichen und Fertiggerichten.

Wegbeschreibung

❙ Vom Otto-Probst-Platz bringt uns die Pfarrgasse unter Eisen- und Autobahntrassen hindurch zur Fassade der ehemaligen Inzersdorfer Konservenfabrik. Vor ihren Portalen nach rechts in den Draschepark wandern

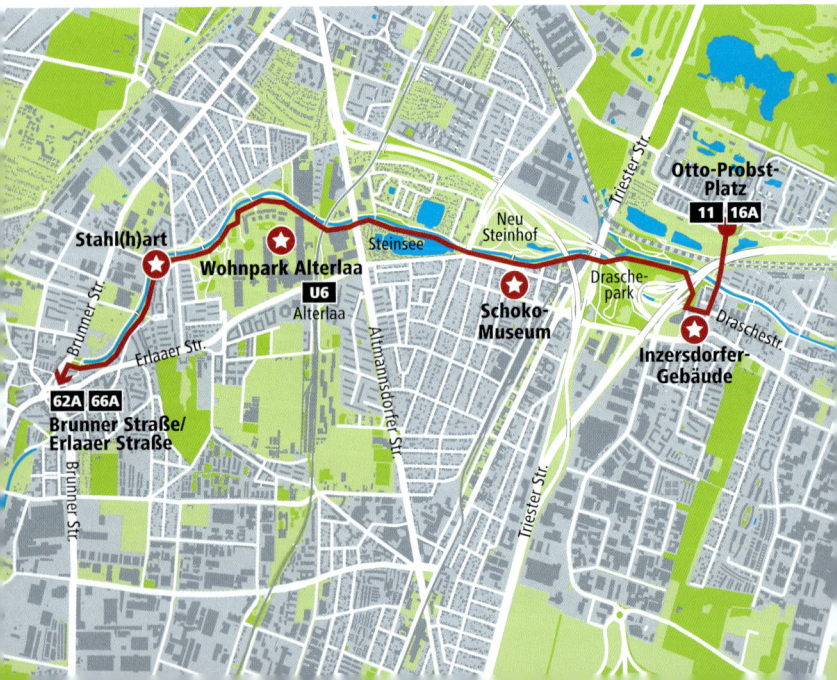

und einen der Wege zum Liesingbach nehmen. Nun flanieren wir immer gegen seine Fließrichtung am Ufer weiter. Unterwegs werden der Park Neu Steinhof, der verbaute Steinsee und der Figurenteich, der Wohnpark Alterlaa (ein Abstecher in die Satellitenstadt lohnt sich), der Stahl(h)art-Skulpturen-Park sowie die Riegermühle passiert. Am Ende landen wir an der Brunner Straße Ecke Erlaaer Straße, wo die Buslinien 62A und 66A auf uns warten.

Ein zuckersüßes Highlight liegt ebenfalls auf unserer Strecke: Das *Schoko-Museum* der *Confiserie Heindl*. Du erreichst es, wenn Du etwa 500m nach dem Drachepark links auf die Willendorfer Gasse 2 biegst (*Do. bis Sa. 10:00–16.00, www.schokomuseum.at*).

BRUTALISMUS STATT BAROCK

Es ist kaum vorstellbar, dass am Areal des heutigen Drascheparks zwei Schlösser standen, die von einem barocken Ziergarten sowie einem Waldpark und einer Obstplantage umgeben waren. Beide als Schloss Inzersdorf bezeichneten Häuser – das eine ein Wasserschloss aus dem 17. Jahrhundert, das neuere wurde 1765 errichtet – sind zwar im 2. Weltkrieg beschädigt worden, aber sie verschwanden erst 1965 von der Bildfläche. Das war das Jahr, in dem der Autobahn-Knoten Inzersdorf gebaut wurde. Die gewaltigen Betonpfeiler der Südosttangente stehen nun genau in dem ehemaligen Barockgarten. Über ihn donnern heute pro Tag etwa 150.000 Kraftfahrzeuge. Diese nur etwa 18km lange Autobahn ist übrigens die meistbefahrene Straße Österreichs und wird seit 2011 saniert bzw. umgebaut.

Stahl(h)art: Stahlskulpturen der Agendagruppe Kunst An der Liesing (zw. Gregorygasse und Josef-Österreicher-Gasse). ▼

Liesingbach ohne Betonbett

©jine

Skulpturenpark

©jine

Waldviertler ®

Fortschritt für Fußgänger

Analytische Wege

Wissenschaftlichen Einrichtungen aus verschiedenen Jahrhunderten begegnen

Kein anderes Wiener Grätzl ist so geprägt von der Geschichte der Medizin
und verwandten Wissenschaften wie
die Alservorstadt und Michelbeuern.
Spitalsarchitektur aus gut drei Jahr-
hunderten steht hier dicht nebeneinander. Auf gehts zu einem Spaziergang, der nicht nur einlädt, entlang
von Bauwerken, sondern auch durch
sie hindurch zu flanieren. Ob Freud-
Museum, Narrenturm, Neues und Altes AKH oder Hauptuniversität Wien.
Die Pforten stehen für uns offen!

Saluti et solatio aegrorum

Das Zitat aus dem Jahre 1784, *Saluti
et solatio aegrorum* (Zum Heil und
Trost der Kranken), das den Torbogen
des Eingangs des *Alten AKHs* ziert,
stammt von Kaiser Joseph II. Er ließ
das zu einem Armenhaus verkom-
mene ehemalige Soldatenspital zu einem fortschrittlichen Krankenhaus
umplanen. Angeschlossen an dieses
ist auch der *Narrenturm*, der erste
Spezialbau für damals so genannte
Geisteskranke. Im 19. Jahrhundert
war das *Alte AKH* nicht nur Spital,
sondern auch Zentrum medizinischer
Forschung, die sogar zu Nobelpreisen
führte: Semmelweis machte dort seine

START & ANREISE
1010 Wien, Schottenring 17
Linien D, 1, 71 › Börse
(Haltestelle am Ausgangspunkt)

WEGVERLAUF
Börse › Berggasse › Narrenturm ›
Neue Kliniken › Neues AKH ›
Altes AKH › Uni Wien › Schottentor

TOUR
3,9km (1½h) | SW | 90hm

ersten Hygiene-Entdeckungen, Land-
steiner erforschte die Blutgruppen,
Wagner-Jauregg entwickelte die Fie-
bertherapie, und Bárány durchschaute
den menschlichen Vestibularapparat.
Den Widmungsspruch, *Saluti et solatio aegrorum* finden wir übrigens
auch am Haupteingang des *neuen
AKHs*. Er wurde im Zuge der Eröff-
nung 1994 dort angebracht.

Freud-Museum

168

Wegbeschreibung

▌Von der Station Börse gehts stadtauswärts durch die Börsegasse, über
den Schlickplatz (Ringl-Denkmal im
Park) geradewegs in die Schlickgasse.
An ihrem Ende biegen wir links in
die Berggasse (Nr.19, Sigmund-
Freud-Museum) und spazieren hinauf
bis zur Währinger Straße. Diese überqueren und geradeaus in die Schwarz-
spanierstraße wandern. Nach der
Hausnummer 13 rechts in die Garni-
songasse biegen und nach 100m links

durch das Richter-Tor ins Alte AKH
flanieren. Wir durchqueren Hof 9 und
8, betreten Hof 7 und verlassen den
Komplex nach rechts durch das Peu-
erbach-Tor. Nun stoßen wir auf das
Marpe-Lanefesch-Denkmal (ehemaliges jüdisches Bethaus) und den Narrenturm (Pathologisch-anatomisches
Museum).

Am Eingang des Narrenturms vorbei
gehen und über eine Rampe hinunter
zur Sensengasse steigen. In diese nach

Narrenturm

links und an der nächsten Kreuzung gleich wieder rechts in die Spitalgasse flanieren. Nach der Hausnummer 23 biegen wir links in das Gelände des Neuen AKHs. Nun zwischen den beiden Gebäuden hindurch (Areal der alten k&k Frauenklinik, Denkmäler für Freud und Semmelweis) und geradewegs über Stufen hinauf, vorbei am Anna-Spiegel-Forschungsgebäude, um danach links in den Lazarettgassenweg zu treten.

Durchaus interessant ist auch eine Visite des Allgemeinen Krankenhauses. Die gewaltigen Fahrsteiganlagen zu den in zwei Türmen untergebrachten Bettenhäusern (grün sind die chirurgischen, rot die internen Kliniken und darunter die Ambulanzen) sind besonders sehenswert.

DER NARRENTURM

Erbauen ließ diese »erste Psychiatrie der Welt« Kaiser Josef II. im Jahre 1784. In dieses faszinierende Gebäude soll auch sein okkultes Wissen eingeflossen sein. So steht z.B. die Zahl 28 in der Kabbala für »Gott, der du Kranke heilst« – genau so viele Zimmer beherbergt der Turm. Mehr Zahlenspiele werden bei einer Architekturführung erläutert.

DIE NEUEN KLINIKEN

Ende des 19. Jahrhunderts war klar, dass ein zeitgemäßer Spitalsbetrieb im *Alten AKH* nicht mehr gewährleistet werden konnte. So erfolgte 1904 die Grundsteinlegung der Neuen Kliniken. Insgesamt 20 Pavillons am Gelände des heutigen *Neuen AKHs* sollten es werden. Der Gesamtbau wurde jedoch durch die beiden Weltkriege verhindert. Nur die ehemalige Frauenklinik (Spitalgasse 23) und einige Gebäude am Lazarettgassenweg (abgetragen) konnten vollendet werden. 1957 verwarf man die Pläne und die Idee eines Zentralbaus (heutiges AKH) machte sich breit.

Neues AKH

Hof des Alten AKHs

Entlang des Lazarettgassenweges passieren wir den Schul- und Personalwohnbereich der Anlage. Nach dem Überqueren der Lazarettgasse verlassen wir das Gelände des *Neuen AKHs* und gehen geradeaus in die Pelikangasse. Gleich gegenüber dem Eingang der Wiener Privatklinik führt ein öffentlicher Durchgang in den Viktor-Frankl-Park. Diesen geradewegs durchqueren, dann links und anschließend erneut durch einen Hauseingang schlendern, der auf die

Rummelhardtgasse stößt. Am Ende der Gasse betreten wir erneut das Gemäuer des Alten AKHs (heute Campus der Universität Wien), diesmal durchqueren wir Hof 4 und wenden uns in Hof 2 nach rechts um durch das Jahoda-Tor zu schlüpfen. Wir finden uns nun im Haupthof wieder und begegnen dem Ärzte-Kriegerdenkmal, einem Spielplatz und den Lokalitäten *Stiegl Ambulanz* und *Bierheuriger Gangl*. Bei letzterem befindet sich der Ausgang in den Ostarrichi-

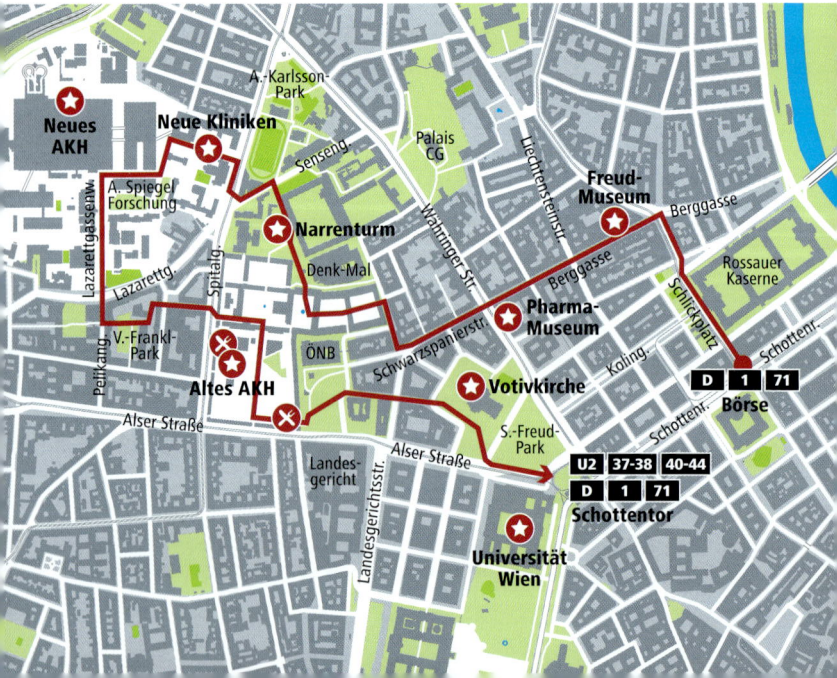

Park (Nationalbank). Wir durchqueren ihn schräg nach links und gelangen so in die Frankgasse, die uns direkt zur Votivkirche bringt.

Vom südlichen Eck des Votivparks haben wir zwei Möglichkeiten, diese Tour ausklingen zu lassen: Entweder besuchen wir den gegenüberliegenden Sigmund-Freud-Park mit seinem riesigen *PaN-Tisch* zur Erinnerung an den EU-Beitritt einiger Staaten und den gemütlichen Liegestühlen. Oder wir überqueren die Universitätsstraße, um das denkmalgeschützte Universitätsgebäude samt informativem Innenhof einen ausgiebigen Besuch abzustatten *(siehe Seitentext)*. Von beiden Orten ist jedenfalls unser Tourende – das Schottentor – ganz einfach zu erreichen.

DER UNIVERSITÄTSPALAST

Die Universität Wien ist tatsächlich die älteste Uni im deutschsprachigen Raum. Sie wurde von Herzog Rudolph IV. in 1365 unter dem Namen *Alma Mater Rudolphina Vindobonensis* gegründet. Das Hauptgebäude am Ring wurde 1884 errichtet. Ein Palast voller Nostalgie. In den Arkadengängen erinnern 154 Büsten bzw. Tafeln an berühmte Absolventen und Porträts der Nobelpreisträger schmücken die Aula. Zu gendern wäre an dieser Stelle fast überflüssig, denn nur eine Dame, Marie von Ebner-Eschenbach, ist dabei. Aus unterschiedlichsten Gründen haben Ehrungen von Wissenschaftlerinnen jahrzehntelang nicht stattgefunden. Doch eine *Schattenintarsie* im Arkadenhof mit dem Titel »Der Muse reicht's« macht seit 2009 auf dieses Versäumnis aufmerksam.

Marpe Lanefesch ist Hebräisch und bedeutet »Heilung der Seele«. Das begehbare Mahnmal erinnert an das zerstörte jüdische Bethaus, das einst im Alten AKH stand. ▼

Schatten der Muse im Universitätsgebäude

Marpe-Lanefesch-Denkmal

Reizvolle Einblicke

Feuchter Wald und Steppe:
Die Kontraste der Unteren Lobau

Abwechslungsreiche Landschafts-
züge – von feuchtem Auwald bis hin
zu steppenähnlichen Zonen – begegnen uns in der *Unteren Lobau*. Doch
sie ist auch von anderen Kontrasten
geprägt: einerseits die seit den 1940er-
Jahren hier angesiedelte Ölindustrie,
deren olfaktorische Ausdünstungen
nicht zu leugnen sind und andererseits
die fruchtbaren Lobauer Äcker, auf
denen bereits seit 1987 biologische
Landwirtschaft betrieben wird. Schon
in vergangenen Zeiten hat dieses Gebiet immer wieder Aussteiger und Vi-
sionäre angezogen. Zum Beispiel den
recht streitlustigen Friedensprediger
WaLuLiSo, der auch am Stephansplatz des öfteren seine Botschaften
verkündete. Oder Peter Waller, ein
ehemaliger Leutnant der k&k-Armee,
der in der Lobau 1924 das Gottesreich
»Parketum Hewo« errichten wollte.
Solche obskuren Geschichten erfuhr
man nur im Lobau-Museum, das der
Umweltaktivist Anton Klein 1975 im
Adjunkten-Schlössl eröffnete. 2009
schloss die Einrichtung leider ihre
Pforten. Doch ein Teil der Ausstellung
sowie kritische Umweltberichte zur
Lobau leben nun im Internet weiter:
www.lobaumuseum.wien

START & ANREISE
1220 Wien, Lobgrundstraße (Parkplatz)
Linie 92B › Lobgrundstraße
(Haltestelle am Ausgangspunkt)

WEGVERLAUF
OMV Lager › Ölhafen Lobau › Kreuz-
grund › Großenzersdorf › Donau-Oder-
Kanal (DOK II) › Birkenspitz

TOUR
13,1km (4½h) | RW | 230hm

Die Lobau im Wandel

Die Lobau – übersetzt Wasserwald –
liegt eigentlich in einem der trockens-
ten Gebiete Österreichs. Doch ihre
Lebensader, die Donau, sorgt mit ihren unzähligen Armen für stete Be-
wässerung. Durch die Überschwem-
mungsdynamik des Flusses kam es
auch zur ständigen Neu- und Umbil-
dung der Landschaft. Doch seit dem

Schwarzes Loch

Bau des Marchfeldschutzdammes (1900) wird die Untere Lobau von den regelmäßigen Hochwassern abgeschirmt. Nur über den *Schönauer Schlitz* (östlich des Ölhafens) kann das Wasser bei hohen Donauständen in die Lobau zurückfließen. So wird sie fast nur noch von Grundwasser gespeist. Dieser Umstand wandelt derzeit diesen Teil der Lobau langsam von einer feuchten Landschaft in eine trockene Hartholzau mit vielen steppenähnlichen Zonen um.

Wegbeschreibung

▌ Die Lobgrundstraße führt uns am Eingang des Zentrallagers der OMV vorbei und nach einer Rechtskurve durchs Industriegelände zum Ölhafen. Wir wandern am Damm entlang des Hafenbeckens bis zu seiner Ausfahrt in die Neue Donau. Etwa auf dieser Höhe befindet sich linker Hand das Schwarze Loch (eine dunkle Lacke). 200m danach verlassen wir den Damm, nehmen die Abzweigung nach links und folgen dem Wegweiser

in Richtung Groß-Enzersdorf. Violette Markierungen, (meist Bänder) machen uns die Orientierung einfach. Auf diesem Forstweg wird auch die Kreuzgrund Traverse passiert: ein schmaler Übergang zwischen Eberschütt- und Mittelwasser – ein traumhafter Auabschnitt.

Kurz vor Groß-Enzersdorf treffen wir auf die Gaststätte Uferhaus und finden dort einen Wegweiser der uns zum Donau-Oder-Kanal bringt. Die Strecke ist ebenfalls violett markiert. Am Beginn des Kanals befindet sich links der Zugang zum Badeplatz (sehr gute Wasserqualität), wir halten uns allerdings geradeaus und folgen dem Kanalufer für 400m. Nun verlassen wir die violette Markierung und nehmen den Abzweiger nach rechts. Geradeaus haltend, erreichen wir nach etwa 700m eine Gabelung.

Hier den rechten Weg wählen und bei der nächsten Kreuzung links halten. Wir befinden uns nun auf dem blau markierten Napoleon-Rundweg, der parallel zum OMV-Zentrallager zur Lobgrundstraße – unserem Ausgangspunkt – zurückführt.

PROJEKT DONAU-ODER-KANAL

Die Idee, zwischen Donau und Oder eine schiffbare Verbindung herzustellen, hatte Kaiser Karl IV. im 14. Jahrhundert. Im Nationalsozialismus wurde diese Vision wieder ausgegraben und man begann mit dem Bau der künstlichen Wasserstraße, die von Cosel nach Wien führen sollte. Von den geplanten 320km des damals sogenannten *Adolf-Hitler-Kanals* wurden nur etwa 40km in Polen realisiert und vier kurze Teilstücke am österreichischen Ende. In der Lobau und bei Groß-Enzersdorf befinden sich diese ehemaligen Kanalabschnitte, heute bezeichnet mit DOK I-IV. DOK I ist ein Seitenarm des Ölhafens Wien, DOK II liegt naturbelassen im Nationalpark (mit Badeplatz), und die letzten beiden Teile sind seit den 1960er-Jahren von Kleingartensiedlungen umgeben.

Das rund 1,6km lange DOK II liegt inmitten von uraltem Auwald und ist vollkommen unverbaut. Ein Paradies für jeden ambitionierten Fischer.▼

Donau-Oder-Kanal (DOK II)

Spannende Winkel

**Rendezvous mit Wohnformen, alten
Glashäusern und fidelen Wasservögeln**

Der 21. Bezirk gehört ja nicht unbedingt zu den favorisierten Gegenden, die uns in den Sinn kommen, wenn wir an einen gemütlichen Spaziergang denken. Doch die traditionellen Uferwege entlang der *Alten Donau*, der liebliche *Floridsdorfer Wasserpark* und der kleine *Floridsdorfer Aupark* bringen uns die »Grün-Spots« zur Erholung. Zudem begegnet uns in den Gassen jede Menge Geschichte: Wer weiß schon, dass in Floridsdorf einst die älteste Erdölraffinerie Europas stand? Zu Beginn wurde dort Petroleum hergestellt, später war es Benzin, das als Fleckputzmittel unter dem Markennamen »Floridsdorfer Fleckwasser« segensreiche Dienste im Auftrag der Sauberkeit leistete. Auf unserer Tour entdecken wir auch einen nationalsozialistischen Hochbunker, dessen Funktion nicht restlos geklärt ist. Er wird von den Floridsdorfern heute liebevoll »Katzenburg« genannt, da er streunenden Felinen als Unterschlupf dient. Liegen dann auch noch Floridsdorfs Gemeindebauten hinter uns, gehts in Richtung *Donaufeld*, auf dessen Äckern nicht mehr nur Blumen, sondern auch moderne Wohnbauprojekte sprießen.

START & ANREISE
1210 Wien, Floridsdorfer Hauptstraße/Ecke Hubertusdamm
Linie 31 › Hubertusdamm

WEGVERLAUF
Floridsdorfer Aupark › Gerichtsgasse › Floridsdorfer Markt › Donaufeld › Kinzerplatz › Alte Donau › Wasserpark

TOUR
8,9km (3h) | RW | 140hm

Verhinderte Hauptstadt

Fast wäre Floridsdorf die Hauptstadt Niederösterreichs geworden. Denn die Großgemeinde zählte um 1900 rund 30.000 Einwohner. Der Standort wäre auch für einen eigenen Hafen an der Alten Donau – mit Anbindung an den geplanten Donau-Oder-Kanal – ideal gewesen. Eine Hafenstadt in direkter Konkurrenz wollte man sei-

Floridsdorfer Wappen

tens der Stadt Wien natürlich um jeden Preis verhindern, daher kam es 1905 schließlich erfolgreich zur Eingemeindung. Die große Dimensionierung der Donaufelder Pfarrkirche am Kinzerplatz erinnert noch heute an das damalige Vorhaben, denn sie hätte die Bischofskirche einer neuen Diözese Niederösterreichs werden sollen. Aber ebenso wie die Projekte Floridsdorfer Hafen und Donau-Oder-Kanal (siehe »Reizvolle Kontraste«) wurde dieses nie realisiert.

Wegbeschreibung

❚ An der Station Hubertusdamm überqueren wir die Floridsdorfer Hauptstraße, steigen die Treppen zum Kleingarten Blumenfreunde hinab und spazieren am Brossmannweg (neben der A22) zum Floridsdorfer Aupark. Hier den ersten Weg nach rechts nehmen, danach die Jedleseer Straße überqueren und in die Frömmlgasse treten. An ihrem Ende befindet sich das Bezirksgericht und der Beginn der Gerichtsgasse. Wir bewandern sie

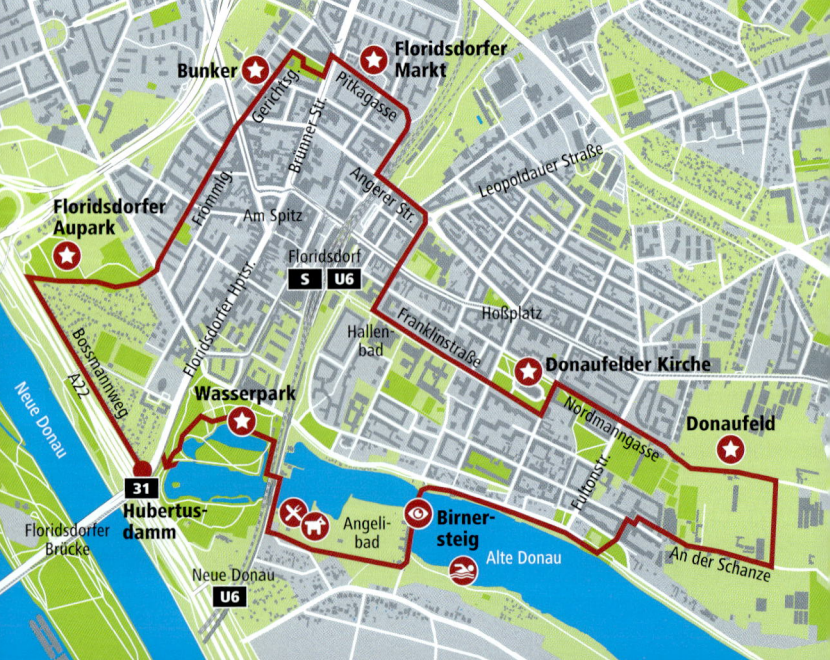

(Bunker) und biegen anschließend rechts in den Paul-Hock-Park, queren die Brünner Straße und erreichen den Floridsdorfer Markt. Der Pitkagasse folgen und in einem Rechtsbogen entlang der Nordbahnanlage weitergehen. Anschließend die Bahnunterführung nehmen und über die Angerer Straße zum Kreisverkehr wandern. An ihm nach rechts biegen und bis zum Hallenbad Floridsdorf flanieren. Direkt davor die Franklinstraße nach links betreten und geradeaus halten, bis die Donaufelder Kirche erreicht ist. Am gegenüberliegenden Ende finden wir die Nordmanngasse. Ihr folgen wir bis zur Nr. 62, gehen noch 70m weiter, um nach rechts in einen Feldweg zu biegen. Er bringt uns zur Straße An der Schanze, die wir erneut nach rechts betreten. An ihrem Ende nehmen wir die Stephensohngasse, durchqueren den Mühlschüttelpark und landen am Ufer der Alten Donau. Dieses rechts zum Birnersteig begleiten, auf dem wir die Alte Donau queren und rechts (Angelibad) zum Bahndamm gehen. Wir unterqueren die Bahn und finden uns im Wasserpark wieder. In seinem südwestlichen Eck ist unser Aufgang zum 31er.

DONAUFELD IM WANDEL

Wo wir heute am Donaufeld zwischen Glashäusern und Äckern wandern, entsteht ein Stadtteil für etwa 5.000 Menschen. Ein Viertel der Fläche soll jedoch als Grünraum erhalten bleiben. In den letzten Jahren wurden etliche Wohnbau-Projekte am Donaufeld verwirklicht, die so gut wie alle aktuellen Trends im Wohnbau aufgreifen.

VOGELPARADIES

Am nördlichen Beginn der Alten Donau finden wir den malerischen Floridsdorfer Wasserpark, der auch bei eisigen Temperaturen nicht ganz gefriert und daher ein beliebter Überwinterungsraum für allerlei Wasservögel ist. Und natürlich auch ein idealer Platz für deren menschliche Beobachter, die am Ufer oder auf den japanischen Brückerln einen perfekten Schnappschuss erwarten.

Zwei Teiche, die durch Kanäle verbunden sind, sowie eine große Insel beherbergt der Floridsdorfer Wasserpark. Aussicht auf den Florido Tower inklusive. ▼

Florisdorfer Wasserpark

TOUR 39

Goldene Hänge

Am Laaer Berg den Wandel der Geschichte erspüren

©fjne

Die einst so ertragreichen Lehmgruben der mächtigen Ziegelwerke sind längst verlassen und zu Teichen in einem Erholungsgebiet geworden. Das Gelände der berühmten *Ankerbrotfabrik* hat ausgedient und sich in ein lebendiges Kulturzentrum verwandelt und der über 150 Jahre alte *Böhmische Prater* erlebt einen zweiten Frühling. Komm, lass' uns schlendern: über die Hänge des Laaer Bergs der Gegenwart.

Im Wandel der Zeit

Die Profite der Ziegelwerke am Laaer Berg wurden 1869, nach dem Börsegang der Betriebe, zunehmend durch Ausbeutung der Arbeiter gemacht. Erst als der Arzt und Journalist Viktor Adler sich in die Werke einschleusen konnte, besserte sich die Situation der Beschäftigten merklich. Seine Reportagen und das Mitwirken in der sozialdemokratischen Partei konnten einiges verändern. Zu dieser Zeit – zwischen 1880 und 1890 – entstand auch der *Böhmische Prate*r, geplant als kleines Vergnügungsviertel für die geplagten Arbeiterfamilien. Diese konnten den Laaer Wald noch nicht genießen, denn ursprünglich war der

START & ANREISE
1100 Wien, Quellenstraße 47
Linien 6, 11 › Schrankenberggasse
(Haltestelle am Ausgangspunkt)
WEGVERLAUF
Quellenstraße › Brotfabrik (Alte Ankerbrotfabrik) › Böhmischer Prater › Löwygrube › Laaer Wald › Quellenstraße
TOUR
5,9km (2h) | RW | 100hm

größte Teil des Laaer Bergs eine pannonische Steppe. Im Jahre 1905, als der Wiener Grüngürtel geplant wurde, bestand die Absicht den Laaer Berg aufzuforsten. Allerdings wurde dieses Projekt erst 50 Jahre später umgesetzt und konnte 1982 für die Öffentlichkeit zugänglich gemacht werden. Um die beiden ehemaligen Ziegelteiche *Butter-* und *Blauer Teich* finden wir

Böhmischer Prater

heute ein Vogelschutzgebiet, das über 50 gefiederte Freunde beherbergt.

Wegbeschreibung

▌Ist die Straßenbahn an der Station Schrankenberggasse verlassen, blicken wir stadtauswärts und entdecken das Eckhaus der Quellenapotheke. An ihm biegen wir rechts in die Absberggasse. An der nächsten Kreuzung gehts links in die Puchsbaumgasse (Alte Ankerbrotfabrik, jetzt Brotfabrik mit Ateliers, Galerien und Lokalen).

Nach einer Rechtskurve der Gasse nehmen wir den Weg nach links, neben den weißen Wohnhäusern (noch vor der Autobahnbrücke), um wieder auf die Quellenstraße zu stoßen. Der Quellenstraße nach rechts folgen, anschließend ebenfalls rechts bleibend unter der Autobahn hindurchschlupfen. Nach der Brücke über die Autobahnabfahrten abermals nach rechts zum Parkplatz des KGV Favoriten wandern. Hier betreten wir nun die Urselbrunnengasse und wandern bis

zur gleichnamigen Kapelle. Jetzt links die Straße Laaer Wald begehen, die uns durch den Böhmischen Prater führt. Am anderen Ende der Vergnügungsmeile (Otto-Geißler-Platz) bleiben wir geradeaus und betreten die Löwygrube. Leicht bergab gehts an einem Spielplatz vorbei. Etwa 100m danach halten wir uns rechts und treffen auf den breiten Löwyweg. Diesen überqueren und neben dem KGV Bitterlichstraße zur Alten Laaer Straße flanieren. Ihr folgen wir und betreten den Laaer Wald. Bei der nächsten Möglichkeit rechts hinauf zum Butterteich (Maramureș-Tor) wandern. Danach links haltend zur Moselgasse. In diese rechts eintreten und anschließend geradeaus zur Absberggasse spazieren. Nach rechts gehend landen wir wieder bei unserem Startpunkt.

INDUSTRIELLES BROT

1891 gründeten die jüdischen Brüder Heinrich und Fritz Mendl die Wiener Brot- und Gebäck-Fabrik auf dem Laaer Berg. Als Firmenlogo wählten sie einen Anker, der für Sicherheit und Vertrauen stehen sollte. Der Einsatz von Kraftmaschinen in Bäckereien war damals ein Novum und brachte den Mendls einen entscheidenten Marktvorteil. Um 1900 hatte das Unternehmen bereits 100 Filialen in ganz Wien eröffnet und belieferte auch den kaiserlichen Hof. Nach dem Anschluss Österreichs an das Deutsche Reich wurde das Unternehmen »arisiert« und unter öffentliche Verwaltung gestellt. Nach turbulenten Zeiten steht Ankerbrot nun wieder auf eigenen Beinen und bäckt künftig im 11. Bezirk seine Waren. Im historischen Gelände wird jetzt Kunst und Kultur produziert.

Seit 2006 befindet sich im Laaer Wald ein Geschenk aus dem wunderschönen rumänischen Maramureș: ein großes, traditionelles, holzgeschnitztes Portal. ▼

Brotfabrik

Holztor aus Maramureș

Lebendige Grätzl

**Durch den 15. und 16. Hieb,
abseits von Brunnenmarkt und Yppenplatz**

Manche halten Ottakring immer noch für einen Prolobezirk, andere vermuten dort inzwischen nur mehr Bobos, Hipster und ähnliche Gesellen – Stichwort Brunnenmarkt & Yppenplatz. Wir aber wissen: Dort gibts mittlerweile noch viel mehr als überteuerte Cafés zum Sehen-und-Gesehen-werden! Abseits der Gentrifizierung erkunden wir ruhige Nebengassen und schrecken auch nicht davor zurück, in den 15. Bezirk (Rudolfsheim-Fünfhaus) weiterzuwandern. Wir entdecken Gründerzeit- und Gemeindebauten, eine Großbrauerei und eine Kleingartensiedlung samt *Schutzhaus*. Auch dem kuriosen und bunten *Meiselmarkt*, dessen Stände im Untergeschoß eines alten Wasserbehälters untergebracht sind, statten wir einen Besuch ab.

Der erste Gemeindebau Wiens?

Die Wohnhausanlage Schmelz wurde als Arbeiterwohnbau während des 1. Weltkriegs geplant, aber erst 1920 fertiggestellt. Der südliche Teil (Mareschsiedlung) konkurriert mit dem Metzleinstaler Hof um den Titel des ersten Wiener Gemeindebaus. Die große Grünfläche im Inneren wurde

START & ANREISE
1160 Wien, Johann-Nepomuk-Berger-Pl.
Linien 2, 9, 44 › Johann-Nepomuk-Berger-Platz (Haltestelle am Ausgangspunkt)

WEGVERLAUF
Ottakringer Brauerei › Schuhmeierplatz › Mareschsiedlung › Meiselmarkt › Schmelz › Stadthalle › Hauptbücherei

TOUR
5,9 km (3¾h) | SW | 70hm

zu Zeiten der Lebensmittelknappheit als Gemüsegarten genutzt und ist heute eine Grünoase inmitten der Siedlung. In der zweiten Baustufe (1921–1924) kamen der sogenannte Hufeisenbau (aufgrund seines Grundrisses so benannt) und der Planschbeckenbau hinzu, der seinen Namen einem ehemaligen riesigen Pool im Hof verdankt.

Johann-Nepomuk-Berger-Platz

Wegbeschreibung

Vom kürzlich neu gestalteten Johann-Nepomuk-Berger Platz ausgehend, spazieren wir stadtauswärts auf der Ottakringer Straße entlang der Ottakringer Brauerei. An deren Hinterseite biegen wir links in die Eisnergasse und gelangen durch die Brüßlgasse zur Hasnerstraße, die wir rechts nehmen. Wir folgen ihr auch nach Querung des Schuhmeierplatzes bis zur Pfenninggeldgasse. Durch diese (links) und die anschließende Zagors-kigasse gelangen wir bei der Gablenzgasse direkt in den Rohrauerpark. Schräg links gehen wir durch diesen hinauf und erreichen die Mareschgasse, die uns zum Mareschplatz führt. Durch ein Portal erreichen wir rechts die Schraufgasse. An deren Ende führt uns links die Ibsenstraße als Fußweg zur Schanzstraße, der wir bis zur Hütteldorfer Straße folgen. Diese überqueren wir bei der Johnstraße und gehen letztere ein Stück hinunter. Nach dem ersten Gebäude,

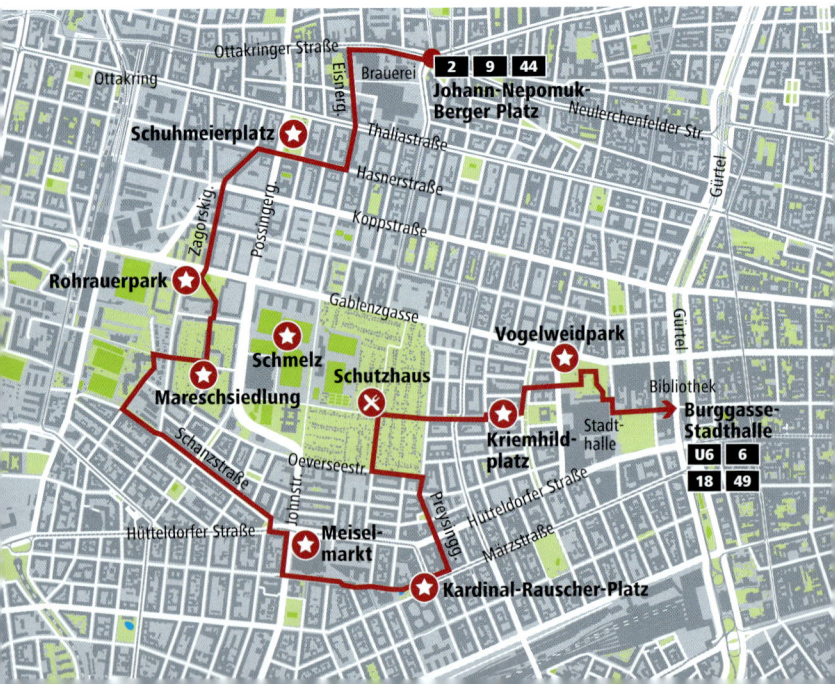

das auch den Meiselmarkt in sich birgt, gehen wir links über den langgestreckten Platz, vorbei an der Alten Schieberkammer, der Rudolfsheimer Pfarrkirche und den Brunnen der Wasserwelt, zur Märzstraße. Wir folgen ihr kurz, zweigen aber links in die Preysinggasse ab. Die Oeverseestraße führt uns zu einem Fußweg, der rechts in den KGV Zukunft auf der Schmelz hineinführt. Bei der Kreuzung beim Schutzhaus gehen wir erneut rechts und gelangen durch Guntherstraße und Kriemhildplatz zur Markgraf-Rüdiger-Straße, die wir links nehmen. Durch Dankwartgasse und Vogelweidpark gehts zum Roland-Rainer-Platz vor der Stadthalle, wo wir entlang des Märzparks durch die Sorbaitgasse zur Hauptbücherei am Gürtel kommen (U6 Burggasse-Stadthalle).

FREIRAUMSCHMELZE

Die Schmelz ist schon seit jeher von großen Freiflächen geprägt, die sich früher über noch viel umfangreichere Flächen erstreckten. Ursprünglich wegen ihrer fruchtbaren Felder bekannt, wurde sie um 1850 zu einem Exerzierplatz umfunktioniert, auch Paraden für den Kaiser wurden dort abgehalten. Später entstanden Wohnbauten, Kleingärten, eine Kaserne und mehrere Sportplätze. Von der früheren Gstettn ist nichts mehr übrig. Eine Bürgerinitiative kritisiert, dass die Öffentlichkeit von der Benützung der meisten verbliebenen Freizeitflächen ausgeschlossen wird und vormals öffentliche Durchgänge zwischen den Sportplätzen nach und nach abgesperrt wurden. Wegen der hohen Bevölkerungsdichte in den Vierteln rund um die Schmelz ist der Wunsch nach mehr Freiraum hier besonders groß.

Die Alte Schieberkammer, ein Teil des ehemaligen Wasserbehälters Schmelz (Meiselstraße), dient heute als Eventlokation. ▼

KGV Zukunft auf der Schmelz

Alte Schieberkammer (Meiselmarkt)

Komm, wir gehen die Stadt entdecken!

Entdecken Sie die Stadt: mit unseren kostenlosen Services, wie der Wiener Fußwegekarte und der „Wien zu Fuß"-App inklusive Routenplaner, Schrittzähler und vielen spannenden Spazierrouten durch Wien. Alle Informationen unter **www.wienzufuss.at**

mobilitäts agentur wien

Für die Stadt Wien

Mehr Abenteuer

11 Jahre sind bereits seit dem Erscheinen des ersten »WildUrb« Buches vergangen. WIEN GEHT, unser Flaggschiff unter den urbigen Kultbüchern wurde mittlerweile in der 4. Auflage herausgegeben, wir konnten Berlin erobern und mit dem vorliegenden Buch sind insgesamt 16 Buchtitel erschienen. Hier findest Du einen Auszug der Buchserie und auf **www.wildurb.at** unser gesamtes Verlagsprogramm.

WIEN GEHT

Die reizvollsten Spaziergänge der Stadt

Abenteuerlich oder erholsam, historisch oder modern, lieblich oder verwegen, kontrastreich oder grün, alleine oder gemeinsam: Einfach gehen. Durch Wien.
40 Spazierwege mit Plänen, Wegbeschreibungen uvm.

Neu: Alle Touren via QR-Codes online abrufbar.

WIEN WANDERT

Die offiziellen Wanderwege der Stadt

Alle offiziellen Stadtwanderwege und Naturlehrpfade Wiens, der Wein und Wasserweg der Stadt, »rundumadum« in 7 Tagesetappen sowie Informationen über Grillplätze, Naturdenkmäler, Stempelstationen uvm.

Neu: Alle Touren via QR-Codes online abrufbar.

WIEN RADELT

Die City und ihr Umland erfahren

20 Radtouren führen Dich in das lebens- und liebenswerteste Wien hinein und drum herum. Mit dem Radl die Stadt und ihr Umland erkunden, frische Luft und Lebensfreude tanken und muntere Momente sammeln.

Neu: Alle Touren via QR-Codes online abrufbar.

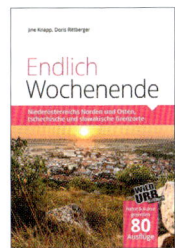

ENDLICH WOCHENENDE 1

**Niederösterreichs Norden und Osten,
tschechische und slowakische Grenzorte**

80 Ausflüge entführen an 40 wundervolle Orte.
Entdecke Niederösterreichs Norden & Osten
sowie bezaubernde Plätze und Routen in
Tschechien und der Slowakei.

ENDLICH WOCHENENDE 2

**Niederösterreichs Süden und Westen,
Oberösterreichs Osten und Burgenland**

80 Mikroabenteuer an 40 bekannten und unbekannten
Orten erleben. Entdecke Niederösterreichs
Süden & Westen sowie bezaubernde Plätze in
Oberösterreichs Osten und im Burgenland.

Neu: Alle Touren via QR-Codes online abrufbar.

WiLD
URB
Kultbuch

© Tamas Zsebok - Fotolia.de

SÜSSE WIENER TRADITION